Cocina sin gluten

Nuria Penalva

GLUTEN FREE

LIBSA

Contenido

© 2016, Editorial LIBSA
C/ San Rafael, 4
28108 Alcobendas (Madrid)
Tel.: 91 657 25 80
Fax: 91 657 25 83
e-mail:libsa@libsa.es
www.libsa.es

COLABORACIÓN EN TEXTOS:
Nuria Penalva y equipo editorial Libsa
EDICIÓN: equipo editorial Libsa
DISEÑO DE CUBIERTA: equipo de diseño Libsa
MAQUETACIÓN: equipo de maquetación Libsa
IMÁGENES: Thinkstock.com, Shutterstock Images, 123 RF y
archivo Libsa

ISBN: 978-84-662-3229-6

Introducción

Mediante la alimentación conseguimos energía para desarrollarnos y seguir viviendo, algo básico para todos. Pero para una persona con celiaquía, la alimentación es mucho más que una función básica, es también su medicina; de ahí que los alimentos sin gluten se tornen esenciales para estos pacientes.

¿QUÉ ES LA ENFERMEDAD CELÍACA?

La celiaquía afecta aproximadamente a una de cada cien personas. Se trata de una intolerancia permanente al gluten, una proteína presente en determinados cereales como el trigo, el centeno, la cebada, la avena, y cualquiera de sus variedades: espelta, kamut, escanda… El gluten provoca, en la persona celíaca, una respuesta inmune mediante la cual sus propios anticuerpos atacan las vellosidades intestinales, dañándolas y dificultando la absorción de los macro y micronutrientes. Las consecuencias se traducen en la malnutrición de estas personas que, además, deben lidiar con síntomas como diarrea, vómitos, anemia, pérdida de peso, inflamación intestinal, trastornos del carácter e incluso alteraciones óseas, entre otros. La solución radica en dejar de ingerir alimentos con gluten. Pero, atención, la celiaquía no se cura. Sin embargo, mediante una dieta sin esta proteína la enfermedad celíaca no se manifiesta y la salud mejora. Aunque esto no es garantía suficiente para que el enfermo

celíaco se encuentre bien nutrido, ya que puede seguir padeciendo desequilibrios nutricionales ocasionados, involuntariamente, por llevar una dieta incompleta.

DIETA EQUILIBRADA Y COMPLETA

No todo se resuelve con eliminar el gluten de la dieta habitual: por un lado, no siempre es fácil, ya que muchos productos elaborados o que requieren cierto procesado industrial lo contienen y pueden pasar inadvertidos en la cesta de la compra. Por otro lado, los productos sin gluten pueden contener una baja calidad nutricional y ser carentes en proteínas, vitaminas o fibra y excedentes en grasas o azúcares. A este problema de calidad hay que añadir el económico, ya que los productos sin gluten pueden llegar a ver incrementado su precio hasta 10 veces más con respecto a los considerados «normales».

Sin embargo, con la enfermedad celíaca hay algunas batallas ganadas y otras que se están librando. Por ejemplo, gracias a las exigencias de los consumidores y a la mayor concienciación de la enfermedad celíaca, la oferta de productos sin gluten ha aumentado, al igual que su distribución en grandes superficies y supermercados, no así su precio, que sigue siendo excesivo para este colectivo que precisa de estos alimentos por cuestiones de salud. En lo que respecta a la calidad nutricional sí se están haciendo progresos, ya que la adición de otras harinas procedentes de legumbres como garbanzos y soja, o de tubérculos como mandioca o patata para la elaboración de panes, pastas o bollería ayuda a tener un aporte nutricional equilibrado.

QUÉ COMER Y NO COMER

Si con una persona sana las restricciones alimenticias no resultan aconsejables, no ocurre lo mismo con una persona con celiaquía que debe abstenerse de consumir cualquier alimento que contenga gluten. De modo que la

alimentación de la persona celíaca debe ser variada y equilibrada, rica en alimentos naturales carentes de gluten y moderada en productos manufacturados (sin gluten).

ALIMENTOS PROHIBIDOS

- Los alimentos que contengan trigo, centeno, cebada, avena y sus derivados.
- Pan, bollería, pastas, productos amasados.
- Chocolates, helados, repostería.
- Productos en conserva.
- Fiambres y embutidos.
- Cervezas.
- Sopas y cremas.

ALIMENTOS RECOMENDADOS

- Verduras y hortalizas frescas, congeladas y en conserva sin aditivos desaconsejados.
- Frutas.
- Cereales y derivados sin gluten: maíz, arroz, sorgo, mijo… y sus harinas.

- Semillas y granos: alforfón, amaranto, quinua, chía, lino, sésamo...
- Patatas y legumbres: garbanzos, lentejas, guisantes, alubias, soja…
- Leche y lácteos: yogur, cuajada, quesos.
- Carnes, pescados, huevos. Frescos, congelados, en fiambre y en conserva siempre y cuando estén debidamente etiquetados.
- Bebidas: agua, zumos naturales, infusiones.
- Grasas: aceites de oliva, girasol, maíz, etc., mantequilla y margarina vegetal.
- Frutos secos.

ALIMENTOS DE CONSUMO MODERADO
- Carnes grasas: cordero, cerdo (salvo el solomillo), hamburguesas, bacón.
- Frutas en almíbar.
- Postres lácteos.
- Patatas fritas y palomitas.
- Café, bebidas alcohólicas como vino o sidra, cerveza sin gluten, refrescos carbonatados.
- Platos preparados (sin gluten).

La persona celíaca siempre debe leer el etiquetado de los alimentos procesados o elegir los que certifiquen que se trata de un alimento libre de gluten.

DISFRUTAR COMIENDO

Aunque el consumo de alimentos para la persona celíaca tiene ciertas restricciones, con este libro pretendemos animar a seguir disfrutando de un menú rico, saludable y tan exquisito como pudiera ser el llamado «menú normal». Por eso, hemos recopilado una serie de recetas en las que sus ingredientes con gluten han sido sustituidos por alternativas aptas para celíacos. Con ellas nos daremos cuenta de que la dieta sin gluten, lejos de ser tan estricta, puede convertirse en una opción con la que mejorar nuestra alimentación y hacerla mucho más variada.

Cereales comunes

Arroz

Oryza sativa

Es un cereal que resulta ser el alimento básico para prácticamente la mitad de la población mundial. Tiene un alto valor nutricional y carece de gluten, por lo que tiene una gran utilidad en las dietas para personas con celiaquía o para aquellas que no puedan consumir gluten.

CARACTERÍSTICAS

Su composición en carbohidratos es muy alta (alrededor del 87%), sobre todo almidón, lo que le convierte en una excelente fuente de energía. Pero también provee de proteínas, vitaminas (tiamina, riboflavina, niacina, ácido fólico, vitamina B12) y minerales como fósforo, hierro y potasio. Contiene ocho aminoácidos esenciales, por lo que en combinación con legumbres como las alubias o lentejas, se transforma en un plato que proporciona una fuente de proteínas de buena calidad y más económica que la carne.

Lo más recomendable es consumir arroz integral, ya que conserva la mayoría de sus nutrientes y aporta fibra que facilita el tránsito intestinal y previene el estreñimiento. Es rico en fitoesteroles, un elemento clave en el control del colesterol, y al ser bajo en grasas, el arroz resulta ser un aliado en la alimentación del enfermo cardiovascular. Su contenido en sodio también es mínimo, por lo que será muy recomendable en dietas para hipertensos. Es de fácil digestión, saciante y muy versátil en su preparación.

El arroz blanco está desprovisto de la cáscara, el salvado y el germen, elementos que encierran sus principales vitaminas y minerales.

DATO DE INTERÉS

De la molienda del grano blanco obtenemos una harina blanca y fina adecuada para las personas intolerantes al gluten. También podemos encontrar harina de arroz integral. Puede usarse como espesante de salsas, rebozados, repostería, pasta (fideos, tallarines). Pero no es buena para hacer pan, es mejor que forme parte de mezclas panificables.

VARIEDADES. Arroz glutinoso para el sushi; integral para vegetarianos; basmati para guarniciones con curry y platos asiáticos; de grano redondo para risottos o medio para paellas.

Alforfón

Fagopyrum esculentum

Aunque se utiliza como cereal, no es una gramínea y, por tanto, está totalmente libre de gluten. Sus características nutricionales son tan parecidas a las de los cereales que se puede utilizar el alforfón como sustituto y elaborar sabrosas recetas aptas para una dieta celiaca.

CARACTERÍSTICAS

También es conocido como trigo sarraceno, lo que puede llevar a creer que se trata de un cereal, pero es un alimento seguro para las personas intolerantes al gluten. Es una excelente fuente de fibra, y muy rico en proteínas; llega a tener más que algunos cereales. Además, destaca su contenido en el aminoácido esencial lisina, poco frecuente entre los alimentos vegetales, de modo que también resulta muy interesante para las dietas vegetarianas. Contiene ciertas cantidades de vitamina E y del grupo B, así como de ácidos grasos insaturados: oleico, linolénico y linoleico. Aporta minerales como hierro y magnesio y flavonoides, sustancias fitoquímicas con propiedades antioxidantes.

Las recomendaciones de consumo de este alimento son notables, ya que ayuda a controlar los niveles de colesterol, contrarresta la anemia y fortalece el sistema circulatorio, además de ayudar a regular el peso corporal. Se trata, por tanto, de un alimento muy aconsejable para llevar una dieta cardiosaludable y equilibrada.

Tiene un lejano sabor a nueces que se acentúa si tostamos ligeramente los granos en una sartén.

DATO DE INTERÉS

Su consumo se ha popularizado y puede encontrarse en varios formatos. El grano entero puede cocinarse solo, como el arroz, o junto con legumbres; los copos o granos hinchados se consumen como cereales de desayuno; con la harina se pueden elaborar crepes, galletas, etc. Hay pasta hecha con alforfón como los fideos japoneses conocidos como soba.

HARINA. La harina de trigo sarraceno no es una harina buena para hacer pan. Hay que añadirle otros elementos y harinas para poder hacerla panificable.

Los granos de alforfón presentan una morfología muy característica que los hace fácilmente reconocibles, son como pequeños tetraedros.

Quinua

Chenopodium quinoa

Con una composición nutritiva excelente, la quinua es un cultivo ancestral que se abre paso entre los cereales más tradicionales. Una buena noticia para las personas con celiaquía que ven cada vez más ampliado el terreno alimentario con variedad y calidad nutricional.

CARACTERÍSTICAS

La quinua es un grano al que se le aplican los mismos usos alimentarios que a los cereales, pero sin ser cereal. La ventaja para las personas con intolerancia al gluten es clara: no contiene gluten y sí una calidad nutritiva que viene dada por su composición de aminoácidos esenciales en cantidad y variedad. Su diversidad de formas de utilización culinaria lo convierten en un alimento funcional y beneficioso para el organismo.

Su contenido en proteínas está entre el 15% y el 20% y posee aminoácidos como la lisina, histidina y metionina, escasos en el resto de alimentos vegetales. En realidad, la quinua proporciona todos los aminoácidos esenciales que requiere nuestro organismo, pero también algunos ácidos grasos esenciales como linoleico y oleico. Los minerales también son su fuerte: el hierro es de alta biodisponibilidad y aporta calcio, fósforo, magnesio y potasio. Si hay que ponerle algún defecto a este alimento es su contenido en saponinas: unas sustancias que dan cierto amargor y que en dosis altas pueden resultar tóxicas. Las saponinas no

La quinua fue empleada por la NASA para equipar sus cohetes en los viajes espaciales de larga duración.

suponen un problema en el consumo regular de quinua y, además, se eliminan con un simple lavado.

DATO DE INTERÉS

Su principal componente es el almidón (60% del peso total del grano), así que la masa de harina de quinua es mucho más viscosa que la de trigo y por eso se usa en mezclas panificables sin gluten.

LAVADO DEL GRANO. Para eliminar el amargor de los granos hay que someterlos a sucesivos lavados en agua fría, moviéndolos con las manos hasta que no salga espuma.

Maíz

Zea mays

Sin duda, es el cereal más importante del continente americano, aunque su uso, tanto a nivel alimentario como industrial, se extiende a nivel mundial. Carece de gluten, por lo que puede ser ingerido con total seguridad por la comunidad celíaca.

CARACTERÍSTICAS

El maíz es un cereal de grano grande, de aspecto cuadrangular y, en su mayoría, de color amarillo. Presenta grandes virtudes energéticas; su principal componente es el almidón (un 70-72% de su peso). Le sigue su contenido en proteínas que, aunque es importante (un 8-11%), no tienen la calidad nutricional de otros cereales y granos que sí son ricos, por ejemplo, en los preciados aminoácidos lisina y triptófano. Sin embargo, poseen otro componente relevante para nuestra alimentación y salud: los carotenoides. Son compuestos antioxidantes que neutralizan los radicales libres, responsables de muchas enfermedades. Es, quizás, el cereal más rico en grasas, pero lo interesante es que tiene un nivel muy bajo de ácidos grasos saturados y alto de poliinsaturados como el linoleico.

Hay diferentes variedades, la más conocida y comercializada es el maíz dulce de color amarillo, pero existen rosadas, moradas y negras, cada cual más rica en antioxidantes, pues cuanto más intensidad de color tiene, más rico es en antocianinas y carotenoides.

Existen muchas variedades de maíz que pueden destinarse al consumo humano y animal, e incluso a la elaboración de combustibles.

DATO DE INTERÉS

Como no contiene gluten, el maíz es perfectamente tolerado por los celíacos, pero su harina no es panificable. Aunque de ella no podamos obtener ese pan esponjoso, tan demandado, las arepas y tortillas de harina de maíz resultan deliciosos panes alternativos al occidental de trigo. Y sus copos resultan excelentes como cereales de desayuno.

HARINA DE MAÍZ. Finamente molida y separada del germen, es de color blanquecino y la conocemos como maicena. La más gruesa y que conserva el germen se usa para hacer polenta.

Sorgo

Sorghum bicolor

Otro cereal carente de gluten que lleva formando parte de la alimentación de grandes culturas miles de años. Si bien su contenido nutricional es superado por otros granos y cereales, sigue siendo rico en nutrientes y es un cereal básico de la alimentación humana.

CARACTERÍSTICAS

El sorgo es un cereal originario de India muy poco conocido en Occidente, aunque cada vez tiene más presencia en el ámbito culinario, pues se trata de un alimento que puede ser incluido sin problemas en la dieta de personas celíacas. También es conocido por el nombre de maicillo, pues es parecido en su morfología y forma de cultivo al maíz, aunque presenta diferencias nutricionales con respecto a este cereal. Por lo pronto, tiene menos contenido graso que el maíz y más triptófano. Sin embargo es limitante en otros aminoácidos esenciales como la lisina. Una combinación con legumbres y verduras resulta suficiente para que el sorgo forme parte de platos nutricionalmente equilibrados.

Aunque su mayor uso es la alimentación animal, el sorgo en un cereal al que conviene tener muy en cuenta en la nutrición humana. Resulta una buena fuente de energía y aporta abundante fibra y minerales como calcio y fósforo. Tampoco son desdeñables sus niveles de vitaminas del grupo B y E. Todos ellos nutrientes muy valiosos para mantener el organismo en perfecto estado.

Aunque de forma minoritaria, pero popular en Oriente, con el sorgo se elaboran bebidas alcohólicas como vino, aguardientes y cerveza.

DATO DE INTERÉS

El sorgo puede consumirse de la misma forma que el arroz, también se toma en forma de germinados y lo más habitual, en forma de harina con la que se elaboran tortas, galletas o panes con poco volumen. La harina suele formar parte de otras mezclas panificables. A menudo se mezcla con trigo, pero para panes aptos para celíacos, lo habitual es que se mezcle con harina de maíz.

DISPONIBILIDAD. Aunque se trata de un gran desconocido, el sorgo puede encontrarse ya con cierta facilidad en herbolarios y tiendas especializadas en alimentos sin gluten.

Algunas semillas

Sésamo

Sesamum indicum

El sésamo o ajonjolí es una pequeña semilla que alberga un gran tesoro nutricional en su interior. Esta ampliamente integrada en la cocina Mediterránea y de Medio Oriente. Un alimento tan saludable puede formar parte sin trabas en la dieta celíaca.

CARACTERÍSTICAS

El uso de estas semillas oleaginosas está muy extendido gracias a sus propiedades culinarias y nutricionales. Forma parte de infinidad de platos: desde el desayuno, hasta los postres, pasando por guisos y sopas. Casi la mitad de su peso son lípidos, pero la mayoría son ácidos grasos insaturados omega 6 y 9. El 20% son proteínas de alto valor biológico y es rico en calcio, hierro y zinc.

DATO DE INTERÉS

Incluir el sésamo en la dieta es fácil, puede añadirse a panes, repostería, ensaladas o rebozados como semillas enteras o bien hacer una pasta con la que elaborar a su vez salsas o sazonar cremas de hortalizas o legumbres. Una pasta de sésamo es ingrediente clave en el hummus.

RICO EN VITAMINAS. A pesar de su pequeño tamaño, el sésamo contiene vitaminas B1, B2 y, sobre todo, E, esencial para mantener la flexibilidad y juventud de la piel y tejidos.

Chía

Salvia hispanica

Otras pequeñas y poderosas semillas con las que enriquecer una dieta apta para celíacos son las de chía. Como sucede con la quinua, la chía es una hierba de la América más tropical que ha alimentado durante siglos a grandes pueblos precolombinos y que hoy resurge en Occidente.

CARACTERÍSTICAS

Su semilla mide escasamente 1 mm, pero proporcionalmente es el alimento vegetal más rico en ácidos grasos omega 3 (ácido alfa-linolénico). Es una excelente fuente de fibra soluble, prácticamente el 50% de su peso son carbohidratos en forma de mucílagos. Y el 16% está constituido por proteínas, entre las que destaca el aminoácido lisina. También es rico en calcio, zinc y manganeso.

DATO DE INTERÉS

Una propiedad destacable de la semilla de chía es su extraordinaria capacidad para absorber agua y formar un gel mucilaginoso que facilita la digestión y mejora el tránsito intestinal. Además provoca un efecto saciante muy eficaz en el control del apetito.

CONSUMO RECOMENDADO. Por sus propiedades nutricionales, el consumo de chía tanto la semilla entera, como su harina o su aceite, es recomendable para cualquier etapa y estado de la vida.

Como buena legumbre, la soja seca necesita un remojado previo de al menos 12 horas. Luego se cocina con verduras o los ingredientes que queramos.

Soja

Glycine max

Esta legumbre tan popular es un alimento muy recomendable para la alimentación de la persona intolerante al gluten, pues es nutritiva y muy versátil en la cocina. La soja y sus derivados son aptos para todo tipo de dietas e intolerancias, salvo a la de la propia soja.

CARACTERÍSTICAS

Sus semillas redondas y amarillas son una excelente fuente de hidratos de carbono, fibra y proteínas vegetales. Es una legumbre muy rica en vitaminas del grupo B y también en grasas, pero del tipo saludable, las insaturadas. Su abundancia de calcio e isoflavonas lo convierten en un alimento especialmente indicado en la etapa climatérica de la mujer para paliar los síntomas asociados a la menopausia.

DATO DE INTERÉS

Aunque como legumbre seca puede cocinarse tras un remojado y cocción, la forma más popular de tomar soja es mediante sus productos derivados. El tofu, el tempeh (soja fermentada), los brotes, la bebida o salsa de soja y su harina están en todos los supermercados.

CUIDADO CON LA SALSA. La receta de la famosa salsa de soja lleva trigo. Sin embargo ya existen marcas que elaboran salsa de soja fermentada naturalmente sin gluten.

Recetas saladas

Sabrosos primeros, nutritivos segundos, completísimos platos únicos o aperitivos y tentempiés exquisitos. Aquí tenemos unas cuantas ideas para diseñar un menú apetecible y seguro para cualquier persona con problemas de celiaquía.

PROBARLO TODO

Si pensamos que una persona con celiaquía debe retirar de su dieta toda receta que lleve harina, como las cremas, las masas o la pasta, podemos tener razón parcialmente, ya que todo dependerá de la certeza en la presencia o no de gluten. De modo que, aunque la dieta de una persona intolerante al gluten pueda parecer muy restrictiva, la experimentación e imaginación culinaria de muchos expertos en la cocina sin gluten ha dado como resultado la transformación de recetas tan clásicas como los canelones, la besamel o los rebozados (por poner tan solo algunos ejemplos de lo que encontraremos en estas páginas), en nuevas experiencias para todo tipo de paladares y en delicias seguras para los estómagos sensibles de las personas intolerantes al gluten.

Las frutas y verduras están recomendados en cualquier dieta saludable, pero mucho más cuando se tiene celiaquía, ya que es la garantía de que no se va a consumir por error ningún almidón que en los productos envasados puede camuflarse y suponer un peligro potencial.

Ensalada de verano
con rúcula, piñones, aceitunas y granada

INGREDIENTES
- 150 g de rúcula
- 150 g de hoja de roble
- 30 g de piñones
- 20 g de aceitunas negras arrugadas

- 50 g de granada
- Aceite de oliva
- Vinagre balsámico
- Sal

ELABORACIÓN

Lavamos la rúcula y la hoja de roble, introduciéndolas en un recipiente de agua con una gota de lejía disuelta durante unos minutos. Escurrimos, enjuagamos con agua fresca muy bien y volvemos a escurrir. Colocamos una cama de ambas lechugas en una ensaladera.

Pelamos los piñones y los añadimos enteros espolvoreando por encima de las lechugas. Agregamos las aceitunas, desgranamos la granada y repartimos los granos rojos por toda la ensalada.

Preparamos un aliño mezclando tres partes de aceite por una de vinagre balsámico y dos pizcas de sal y bañamos con ella toda la ensalada, mezclando bien los ingredientes. Se sirve nada más aliñar y si la vamos a consumir más tarde, la dejaremos sin aliñar hasta el momento de llevarla a la mesa.

GRANADAS. Para desgranar una granada daremos antes unos golpecitos con el mango de un cuchillo. Al abrirla, se desprenderán solos todos los granos.

Además de las ventajas nutricionales de este cereal –el arroz, ideal para las personas intolerantes al gluten– podemos sumar las que aportan las verduras frescas (vitaminas y antioxidantes) que suelen integrar estas ensaladas combinadas.

Ensalada de arroz
con fiambre de pavo sobre endibia roja

INGREDIENTES

- 2 dientes de ajo
- Aceite de oliva virgen
- 250 g de arroz integral
- ½ vaso de vino blanco
- Sal
- Un aguacate
- Zumo de limón
- 150 g de fiambre de pavo
- Una chalota
- Una endibia roja
- Una cucharada de miel
- Una cucharada de mostaza

ELABORACIÓN

Pelamos y picamos los dientes de ajo y los ponemos a dorar en una sartén amplia con un par de cucharadas de aceite. Cuando esté dorado, añadimos el arroz y lo rehogamos un par de minutos. A continuación vertemos tres tazas de agua y dejamos que cueza a fuego medio unos 40 minutos.

Cuando se vaya evaporando el agua vertemos el vino, sazonamos y dejamos que siga cociendo. Mientras, pelamos el aguacate y lo cortamos en daditos. Lo rociamos con el jugo del limón. Cortamos el pavo en dados, picamos la chalota muy finamente, unas hojas de endibia y mezclamos todo con el arroz.

Para hacer la vinagreta batimos enérgicamente un chorrito de aceite, la miel y la mostaza hasta emulsionar. Separamos las hojas de la endibia y las limpiamos con un paño. Rellenamos cada hoja con la mezcla de arroz y aliñamos por encima con la vinagreta.

MÁS SABOR. Para hacer más sabrosa esta ensalada podemos emplear un caldo de pollo o de verduras para cocer el arroz y que tenga más aroma. El grano de arroz absorberá el caldo y con él, también adquirirá su sabor.

Con esta ensalada marinera tenemos un entrante completo y saludable, ya que los mejillones son proteínas de primer orden con nada de grasa. Y ligan estupendamente con unas judías tiernas. Eso sí, salteadas en una salsa espesada con alforfón para favorecer la digestión.

Ensalada de mar,
judías verdes y mejillones

INGREDIENTES

- 1 kg de mejillones
- Sal y pimienta
- 2 hojas de laurel
- 250 g de judías verdes
- Aceite de oliva virgen

- Un diente de ajo
- Una cebolla blanca
- Una cucharadita de pimentón picante
- Una cucharada de harina de alforfón
- ½ vaso de vino blanco

ELABORACIÓN

Lavamos bien los mejillones y los cocemos en una cazuela con un vaso y medio de agua, sal y un par de hojas de laurel. Tapamos y llevamos a ebullición. Cuando los mejillones se abran, retiramos y dejamos enfriar. Colamos el caldo y reservamos.

Lavamos las judías, las troceamos y las cocemos hasta que estén tiernas y las reservamos. A continuación, ponemos en una sartén con aceite, el ajo machacado, y la cebolla picada. Cuando esté dorada, añadimos el pimentón y la harina de alforfón y removemos. Añadimos ½ vaso de caldo de los mejillones y el vino, salpimentamos y dejamos cocer unos cinco minutos removiendo de vez en cuando.

En una cazuela ponemos los mejillones sin las valvas, las judías verdes y vertemos la salsa. Removemos y calentamos a fuego bajo otros cinco minutos y servimos.

EL ALFORFÓN. Aunque puede confundirse con un cereal no es una gramínea y está totalmente libre de gluten y también tiene un alto contenido en fibra.

¿Quién ha dicho que el melón deba comerse en el postre? Añadido a las ensaladas o siendo el principal ingrediente, el melón da lugar a un entrante refrescante y exótico idóneo para los meses de más calor. Con cualquier otra variedad de jamón es... ¡Insuperable! Y a salvo de gluten.

Ensalada fresca
con mozzarella, melón, jamón dulce y menta

INGREDIENTES
- ½ melón piel de sapo
- ½ limón
- 200 g de bolitas de mozzarella
- 200 g de jamón de York sin gluten

- Una lima
- 70 ml de aceite de oliva virgen
- Sal
- Albahaca en polvo
- Menta fresca

ELABORACIÓN
Con un sacabolas de cocina (puede servir uno para bolas de helado), hacemos las bolitas con la pulpa del melón. Las ponemos en un bol y las rociamos con el jugo de limón. Añadimos las bolitas de mozzarella y reservamos. Luego, cortamos el jamón de York en tiras y lo añadimos al bol.

A continuación hacemos una vinagreta. Exprimimos la lima y, con una cucharilla, la mezclamos con el aceite hasta hacer una emulsión, añadimos una pizca de sal y albahaca en polvo y volvemos a mezclar.

Repartimos la ensalada en cuencos individuales que regamos con la vinagreta. Como remate, adornamos los cuencos con hojitas de menta fresca.

CON MÁS COLOR. Una variante más colorista de esta ensalada es añadir melón cantaloupe. Pondrá un toque anaranjado y muy aromático a nuestra ensalada.

Proponemos una ensalada dulce, pero sin azúcar. Para ello nada mejor que recurrir a la remolacha, una hortaliza con un precioso color y un delicioso sabor. Es nutritiva, refrescante y está repleta de fibra y vitaminas (más, cuanto más cruda). Y sin cabida para el gluten.

Ensalada de remolacha
con nueces de California y cilantro

INGREDIENTES

- 2 remolachas medianas
- Una zanahoria
- 2 patatas pequeñas
- Una cebolla morada
- 20 g de nueces de California
- Un limón
- Aceite de oliva virgen
- Un diente de ajo
- Sal
- Un ramillete de cilantro fresco

ELABORACIÓN

Ponemos a cocer las remolachas al vapor durante 35 minutos. Cuando estén cocidas las pelamos y cortamos muy picadas. Reservamos. Cocemos también la zanahoria y las patatas unos 20 minutos. Las pelamos y troceamos y las ponemos en una ensaladera.

Picamos la cebolla y trituramos las nueces dejando cuatro o cinco mitades para decorar. Las agregamos a la fuente de la ensalada. Revolvemos los ingredientes y añadimos la remolacha.

Ahora hacemos la vinagreta con el jugo del limón, 100 ml de aceite, el ajo machacado, un pellizco de sal y el cilantro picado. Mezclamos todo bien y lo vertemos en la ensalada. Procedemos a mezclar todos los ingredientes hasta que queden bien distribuidos. Decoramos con las mitades de nueces y hojas de cilantro.

AHORRAR TIEMPO. Para ahorrar tiempo en la cocina, podemos emplear remolacha cruda. En este caso la rallamos para que su consistencia no nos resulte tan dura. Si la refrigeramos previamente con la vinagreta, quedará más blanda.

El hummus es un plato que está gozando de un gran éxito en la cocina occidental. Esta crema de garbanzos tiene altas dosis de proteínas y minerales, y grasas, pocas y muy sanas. Eso sí, es una crema que invita a untar en el pan, pero el que proponemos carece de gluten.

Hummus con pimentón
acompañado de pan de pita de sorgo

INGREDIENTES

PAN DE PITA

- 200 g de harina de sorgo
- 80 g de fécula de maíz
- 80 ml de aceite de oliva
- 15 g de levadura sin gluten
- Un huevo
- Sal

HUMMUS

- ½ kg de garbanzos cocidos
- 2 dientes de ajo
- 3 cucharadas de tahini
- Aceite de oliva
- Un limón
- Sal y pimentón

ELABORACIÓN

Precalentamos el horno a 220 °C. Mezclamos todos los ingredientes del pan de pita y añadimos agua hasta obtener una masa uniforme, pegajosa, pero no líquida. La dejamos reposar tapada unos 30 minutos. Sacamos porciones y hacemos bolitas que estiramos con un rodillo sobre un papel para el horno. Horneamos unos cinco minutos. Luego se sacan y se tapan con un paño húmedo.

Para hacer el hummus pasamos por la batidora los garbanzos cocidos y añadimos un poco de agua hasta obtener una crema. Agregamos los ajos machacados, el tahini, una cucharada de aceite de oliva, jugo de limón al gusto y sal. Lo batimos todo de nuevo hasta que quede una consistencia suave.

Servimos en un plato, lo adornamos con un chorrito de aceite de oliva y pimentón dulce y acompañamos con el pan de pita.

MEJOR GARBANZOS CRUDOS. En lugar de garbanzos envasados, es mejor poner unos garbanzos a remojo la noche anterior y cocerlos con sal durante una hora.

Para una cena informal, proponemos una exquisita y nutritiva tosta con pan de alforfón, cuya harina es rica en fibra y vitaminas y carece de gluten. Unas flores de calabacín sobre el queso fundido darán un toque original al plato, además de una buena dosis de calcio.

Flores de calabacín
con queso y amapola sobre pan de alforfón

INGREDIENTES

- 25 g de levadura fresca sin gluten
- 500 g de harina de trigo sarraceno (alforfón)
- Un pellizco de sal marina

- 150 g de queso de cabra
- 100 g de flores de calabacín
- Semillas de amapola
- Pimienta roja

ELABORACIÓN

Disolvemos la levadura en un vaso de agua templada y reservamos. En un bol tamizamos la harina, añadimos un pellizco de sal y vamos añadiendo el agua restante poco a poco mientras removemos. Incorporamos el agua con la levadura y cuando esté todo mezclado ponemos a reposar tapado con un paño durante una hora.

Pasamos la masa a un molde y horneamos en el horno precalentado a 200 °C durante 40 minutos. Sacamos y desmoldamos. Dejamos que el pan repose unos 15 minutos y hacemos rebanadas sobre las que dispondremos el queso y las flores de calabacín troceadas.

En una bandeja, horneamos las tostas un par de minutos a 150 °C para que el queso se derrita, espolvoreamos con las semillas y granos de pimienta y servimos.

FLORES FRESCAS. Para que no se desequen y queden más jugosas, podemos añadir las flores a la tosta después de hornearla, cuando se funda el queso.

Disfrutar de una buena crema de hortalizas no precisa de mucho tiempo ni dinero. Además, están llenas de salud. Las propias hortalizas como la zanahoria y la patata ayudarán a espesar la crema sin necesidad de agregar harinas. Un plato nutritivo y seguro para los intolerantes al gluten.

Crema de zanahoria
con semillas de sésamo negro y nata líquida

INGREDIENTES
- Una cebolleta
- Un puerro
- Aceite de oliva
- Una patata
- 6 zanahorias grandes
- Sal
- 100 g de queso mascarpone
- 50 ml de nata líquida
- Semillas de sésamo tostado
- Orégano y tomillo fresco

ELABORACIÓN
Pelamos la cebolleta y el puerro, los picamos y rehogamos en una olla con un chorrito de aceite. Mientras, pelamos la patata y las zanahorias, las troceamos y las incorporamos a la olla cuando las verduras estén transparentes. Removemos todo. Añadimos un litro de agua, sazonamos al gusto y cocemos unos 20 minutos o hasta que la zanahoria y la patata estén cocidas.

A continuación, pasamos todo por la batidora añadiendo previamente el queso. Trituramos hasta obtener una crema fina. Incorporamos más o menos agua, según la textura deseada.

Vertemos la crema a una sopera y adornamos con un hilo de nata líquida, las semillas de sésamo espolvoreadas y unas ramitas de las hierbas frescas.

EL SOFRITO. Aunque se puede hacer una crema exprés cociendo todos los ingredientes de una vez para luego triturarlos, el toque de esta crema radica en el sofrito previo que se hace con las verduras. Da un sabor muy especial.

La sopa de pollo tiene fama de ser un alimento reconstituyente y es que lleva verduras, que aportan minerales y fibra; pollo, rico en proteínas; y pasta de maíz, que contribuye con sus hidratos de carbono y aminoácidos a que este plato tan redondo sea apto para todos.

Sopa de pollo
con macarrones de maíz y perejil picado

INGREDIENTES
- Una cebolla
- Un puerro
- Aceite
- ½ pollo
- Una zanahoria

- ½ tallo de apio
- Una hoja de laurel
- Sal
- 50 g de macarrones de maíz
- Perejil fresco

ELABORACIÓN

Igual que al cocinar la crema de zanahoria, en una olla haremos un sofrito con la cebolla y el puerro. A continuación, incorporamos el pollo, la zanahoria y el apio troceados. Ponemos la hoja de laurel, sazonamos y añadimos un litro y medio de agua. Cocemos en olla exprés unos ocho minutos.

Sacamos el pollo y mientras se enfría, trituramos las verduras, salvo la hoja de laurel, que descartamos. Deshuesamos el pollo y troceamos su carne. En la misma olla ponemos a calentar de nuevo el caldo con las verduras trituradas y cuando rompa a hervir añadimos los macarrones.

Cocemos entre ocho y 10 minutos, apagamos e incorporamos los trozos de pollo deshuesado a la sopa. Servimos con perejil fresco picado.

PASTA HUECA. Como el caldo tiene cierto espesor, los macarrones son excelentes para atrapar este caldo en su interior y saborearlo en cada bocado.

En una dieta sin gluten, la alternativa más habitual a la harina de trigo es la de arroz. Con ella podemos preparar desde pan hasta cualquier plato de pasta. Estos fideos de arroz recuerdan a los tradicionales chinos, que también se saltean con verduras con resultado exquisito.

Pasta de arroz
con rúcula, aceite de oliva y tomates secos

INGREDIENTES

PARA LA PASTA
- 200 g de harina de arroz
- Un huevo
- Una cucharada de aceite
- Una cucharadita de sal
- Margarina (opcional)

PARA LA SALSA
- 100 g de tomate seco
- Aceite de oliva
- 2 dientes de ajo
- 50 g de rúcula
- Sal
- Pimienta

ELABORACIÓN

Elaboramos una masa mezclando la harina con el huevo, el aceite y la sal y añadimos algo de agua según veamos que la masa lo va necesitando. Para hacer espaguetis necesitaremos un utensilio específico con el que introducir la masa e ir generando las tirillas de masa fresca. En una cazuela de agua hirviendo, con un chorrito de aceite y una pizca de sal, cocemos la pasta fresca moviendo con cuidado con una cuchara de madera para que no se pegue al fondo. Cuando la pasta sube a la superficie está lista y podemos escurrirla con un colador. Si deshacemos una perla de margarina en la pasta, nos aseguraremos de que queda suelta.

Ponemos los tomates secos en un bol con agua templada y los dejamos 20 minutos para que se rehidraten. Escurrimos. En una sartén con una base de aceite, doramos los ajos cortados en láminas finas, añadimos los tomates troceados y dejamos cocinar dos o tres minutos. Añadimos la rúcula, salpimentamos y por último, agregamos la pasta de arroz cocida para saltearlo todo junto.

PASTA DE ARROZ. Existen en el mercado distintas marcas que ya comercializan todo tipo de pasta de arroz para celíacos (tallarines, macarrones, ñoquis, etc.), pero hacer la pasta en casa es mucho más natural y revaloriza una receta sencilla.

La quinua es rica en proteínas y minerales. Se trata de un grano y no de un cereal, por lo que no hay que temer a su contenido en gluten, ya que es nulo. Es un alimento muy versátil que puede ser el sustituto perfecto en platos de cereales o en lugar del cuscús.

Quinua con pollo
calabaza y zanahoria

INGREDIENTES

- 200 g de quinua
- Sal
- 2 pechugas de pollo
- Jugo de limón
- Tomillo en polvo

- 20 ml de aceite de oliva virgen
- Una cebolla mediana
- Una zanahoria grande
- Un trozo de calabaza
- 20 ml de aceite de oliva virgen
- Un ramillete de perifollo

ELABORACIÓN

Enjuagamos la quinua unos segundos y la ponemos a hervir en una cacerola con agua y sal. Cuando rompa a hervir, tapamos y bajamos el fuego. Dejamos que cueza unos 15 minutos. Mientras, cortamos el pollo en tacos, lo sazonamos con un poco de sal, un chorrito de jugo de limón y el tomillo, y lo dejamos macerar.

Cuando esté lista la quinua, la escurrimos y reservamos. Cortamos las verduras muy picaditas y las salteamos en una sartén grande con un par de cucharadas de aceite. Removemos de vez en cuando y cuando estén tiernas, añadimos el pollo.

Salteamos todo hasta que el pollo quede bien hecho. Un par de minutos antes, añadimos la quinua y cocinamos todo un par de minutos más sin dejar de remover. Apagamos y servimos adornado con una ramita de perifollo.

POTENCIAR EL SABOR. Si usamos un caldo de verduras para cocer la quinua, esta absorberá todo su sabor. También podemos tostar los granos en una sartén antes de cocerlos. Sabrán ligeramente a nuez.

¿Qué hacer con los restos de comida que han sobrado? Desde luego, tirarlos no. Sobre todo si hemos hecho un cocido y ha sobrado algo, se puede reutilizar para hacer «ropa vieja» y con ella, un delicioso y contundente arroz apto para dietas sin gluten.

Arroz «sucio»
con «ropa vieja» de cocido

INGREDIENTES
- Al menos 200 g de restos de cocido (excepto patata)
- Una cebolla
- Aceite de oliva
- 600 g de arroz bomba
- Sal
- Caldo de cocido

ELABORACIÓN
Todos los restos de un cocido (carne de ternera o de pollo, lacón, tocino, chorizo, costillas, etc.) deben picarse. Es mejor usar un pequeño electrodoméstico picador, pero se puede hacer a mano. Los garbanzos los dejamos aparte, pues es mejor no picarlos. Reservamos.

Pelamos y picamos menuda una cebolla y la sofreímos hasta que se dore un poco en una sartén con una base de aceite. Añadimos los restos del cocido picados y los garbanzos y removemos, dejando que se cocine un poco todo junto.

Agregamos el arroz al conjunto, salamos al gusto y removemos, dejando que se se saltee un poco. Por último, añadimos el doble de caldo de cocido que de arroz y dejamos que se cocine hasta que el líquido se evapore por completo.

ALGUNOS TRUCOS. El sofrito de cebolla con los restos del cocido puede hacerse antes y reservarse para cocinar con el arroz en el último momento. Si no tenemos suficiente caldo de cocido, añadiremos agua a la cocción.

La pasta es un alimento comodín en la cocina. Con unas verduras y unos frutos secos es fácil preparar un plato rico y saludable en unos minutos. Esta variante de pesto tiene el peculiar sabor de la remolacha y hará las delicias de los paladares ávidos de nuevas experiencias.

Tagliatelle
con pesto de remolacha, parmesano y rúcula

INGREDIENTES

- 250 g de tagliatelle de trigo sarraceno
- Sal marina
- Una cucharada de aceite
- Una hoja de laurel
- 3 remolachas medianas
- 75 g de piñones
- Un diente de ajo
- 100 g de queso parmesano rallado
- 60 ml de aceite de oliva virgen
- Hojas de rúcula

ELABORACIÓN

Ponemos la pasta a cocer en una cacerola con abundante agua y sal, añadimos una cucharada de aceite y una hoja de laurel. Dejamos que cueza el tiempo que indique el paquete. Cocemos también aparte las remolachas enteras durante 15-20 minutos. Pinchamos con un tenedor para comprobar que estén cocidas.

Una vez cocida la pasta, la lavamos, escurrimos y reservamos. Las remolachas las pelamos, troceamos y también reservamos. En una sartén caliente doramos ligeramente los piñones y los vertemos en una batidora junto a la remolacha troceada, el diente de ajo y sal. Trituramos y a continuación añadimos el queso parmesano y el aceite, trituramos de nuevo ligeramente y pasamos la pasta a un bol.

Tomamos un par de cucharadas de pesto y las mezclamos con la pasta para que tenga el tono morado. Luego servimos la pasta con el pesto y decoramos con un nido de hojas de rúcula y parmesano.

GLUTEN FREE · GLUTEN FREE

DISIMULAR SABORES. La remolacha tiene un peculiar sabor a tierra que puede no agradar a todo el mundo. Ese sabor se puede mitigar si añadimos unas hojitas de albahaca y las trituramos junto con el pesto.

Las legumbres siempre se asocian a platos calientes de puchero, pero son mucho más versátiles. Cocidas y frías, pueden formar parte de múltiples ensaladas. Y su harina enriquece todo tipo de panes aportando sus proteínas, fibra y un exquisito sabor. ¡Y no tienen gluten!

Frijoles y remolacha
sobre pan crujiente con cilantro y albahaca

INGREDIENTES
- 15 g de levadura fresca
- ½ cucharadita de azúcar
- 200 g de harina de arroz
- 30 g de harina de garbanzos

- Una cucharadita de sal
- Orégano en polvo
- Aceite de oliva virgen
- 2 remolachas cocidas
- Un aguacate
- Una manzana
- Cilantro y albahaca
- Un bote de frijoles o alubias blancas cocidas
- Vinagre de Jerez

ELABORACIÓN
Precalentamos el horno a 200 °C. Disolvemos la levadura en un tercio de agua tibia con el azúcar. En un bol, mezclamos las harinas, la sal y el orégano. Añadimos la levadura disuelta en un chorrito de aceite y amasamos hasta que quede una masa uniforme sin que se pegue a los dedos. Hacemos una bola, tapamos el bol y dejamos que fermente unos 30 minutos.

Ponemos la masa en un papel de horno enharinado. Estiramos la masa con un rodillo hasta obtener un espesor de unos 50 mm. Lo colocamos en la bandeja. Hacemos unos cortes en cuadrícula, pinchamos la masa con un tenedor y horneamos unos 15 minutos.

A continuación, cortamos en cuadraditos las remolachas, el aguacate y la manzana, picamos unas hojas de cilantro y lo mezclamos todo en un bol con las alubias enjuagadas. Hacemos una vinagreta con aceite, sal, unas hojas de albahaca y el vinagre. Mezclamos y vertemos en la ensalada. Luego repartimos sobre los crackers de pan.

MASA MÁS MANEJABLE. Para que la masa no quede tan pegajosa iremos añadiendo un poco de harina y aceite poco a poco para que vaya ligando la masa.

Los canapés son pequeños manjares o aperitivos a los que no hay por qué renunciar si se es intolerante al gluten. Esta sencilla receta para hacer una base de pan muy fino sorprenderá a los invitados que podrán degustarlos de un solo bocado.

Canapés variados
sobre pan rústico

INGREDIENTES

- 500 g de preparado panificable de harina sin gluten
- 10 g de levadura en polvo sin gluten
- ½ cucharadita de sal
- 6 claras de huevo
- 200 ml de leche
- Aceite de oliva virgen
- 125 ml de agua
- Fiambre
- Queso
- Tomatitos
- Rúcula
- Albahaca

ELABORACIÓN

Tamizamos la harina con la levadura y la sal y mezclamos bien. En un bol, vertemos las claras con la de leche, una cucharada de aceite y el agua. Incorporamos la mezcla al bol de la harina y amasamos bien, mejor con una amasadora, hasta que quede densa y homogénea. Tapamos con film transparente, dejamos que fermente una o dos horas y refrigeramos alrededor de 12 horas.

Precalentamos el horno a 200 ºC, aceitamos la encimera y las manos y extendemos la masa hasta formar un rectángulo de medio centímetro de espesor. Vamos doblando la masa, con unos pliegues de unos 5 cm aproximadamente, uniendo ligeramente el borde plegado a la masa. Así cada vez, hasta llegar al final que terminamos de unir y sellar el pliegue. Redondeamos un poco los extremos del cilindro. Aplicamos unos cortes diagonales y profundos en la masa y horneamos a 200 ºC alrededor de 30-35 minutos. Cuando esté el pan dorado, lo dejamos enfriar. Lo cortamos en rebanadas y preparamos los canapés al gusto con el fiambre, el queso, los tomatitos, etc.

GLUTEN FREE · GLUTEN FREE ·

ENFRIAR LA MASA. Al refrigerar la masa, esta tarda más en subir, por eso la dejamos que fermente previamente a temperatura ambiente. Luego refrigeramos porque el frío nos permitirá manejar mucho más fácilmente la masa.

He aquí una propuesta de originales aperitivos de queso muy sencillos de hacer y tremendamente atractivos. Ninguno de sus ingredientes contiene gluten y la combinación de coberturas no tiene límites, ya que dependerá de tus gustos e imaginación.

Bolitas de queso
con cebollino picado y pimiento desecado

INGREDIENTES

- 300 g de queso de cabra en rulo
- 20 ml de vino blanco
- Pimienta blanca en polvo
- 20 g de nueces peladas
- 20 g de cebollino
- 20 g de pimiento morrón seco

ELABORACIÓN

Descartamos la corteza del queso y lo desmenuzamos en un plato. Agregamos el vino blanco, un poco de pimienta y lo mezclamos todo aplastando con un tenedor hasta obtener una masa cremosa. En un mortero, machacamos las nueces peladas y las mezclamos muy bien con la crema de queso.

Picamos menudo el cebollino y lo ponemos en un cuenco. Trituramos muy bien el pimiento seco y lo colocamos en otro cuenco aparte. Con la masa hacemos unas bolitas de queso ayudándonos con un par de cucharillas y, a continuación, las pasamos por las distintas coberturas.

Alternamos unas bolitas con rebozado de pimiento y otras con cebollino. Las vamos colocando en molde de papel para bombones y las mantenemos refrigeradas hasta el momento de su consumo.

CAPAS DELICIOSAS. Podemos emplear infinidad de coberturas que combinan perfectamente con el queso de cabra. Desde semillas de sésamo o amapola, o triturados de frutos secos como pistachos y almendras, hasta pimientas o hierbas aromáticas.

El queso es una excelente fuente de calcio, y también de calorías, pero consumido con moderación resulta delicioso sobre un pan crujiente. Con un tueste ligero de este pan de harinas sin gluten conseguiremos el toque perfecto para disfrutar del Camembert fundido.

Queso Camembert
sobre tosta de pan con miel

INGREDIENTES

- 5 g de levadura en polvo
- 90 g de harina de arroz
- 30 g de harina de garbanzos
- 65 g de fécula de patata

- 35 g de fécula de mandioca
- 10 g de goma xantana
- ½ cucharadita de sal
- 135 ml de leche
- 100 ml de agua
- 20 ml de aceite de oliva
- Queso Camembert
- Miel y romero fresco

ELABORACIÓN

Precalentamos el horno a 180 °C. Primero disolvemos la levadura en el agua tibia. Luego, tamizamos las harinas y las féculas en un bol, agregamos la goma xantana y la sal. Removemos para que se mezcle todo bien y a continuación vertemos la leche en el agua con la levadura, el aceite y agregamos poco a poco el líquido al bol de la harina mientras mezclamos bien con una espátula. Amasamos hasta obtener una masa homogénea y sin grumos. Tapamos el bol y lo dejamos fermentar a temperatura ambiente aproximadamente una hora.

Sacamos la masa y la moldeamos haciendo una barra de pan o dos, dependiendo de la cantidad de masa. La ponemos en una bandeja de horno con papel vegetal y horneamos a 180 °C alrededor de 35 minutos. Dejamos enfriar el pan, hacemos rebanadas que tostamos ligeramente y colocamos trocitos de Camembert, que se irán derritiendo, decorados con un hilo de miel y una ramita de romero.

TEMPERATURA DE FERMENTACIÓN.
La temperatura ideal ronda los 25-27 °C. Con temperatura ambiente muy fría calentemos el horno cinco minutos a 70 °C y dejemos fermentar con él apagado.

La tempura es una técnica culinaria japonesa con la que podemos cocer un alimento obteniendo una fina capa crujiente a su alrededor. Aunque suele hacerse con harina de trigo, la de arroz, la fécula de maicena o los preparados de tempura sin gluten consiguen resultados extraordinarios.

Aros de cebolla
en tempura con hinojo fresco picado

INGREDIENTES
- 100 g de harina de arroz
- Sal
- Un huevo
- 50 ml de agua fría
- Una cebolla grande
- Aceite de oliva virgen
- Hinojo

ELABORACIÓN
En una fuente honda ponemos la harina con un par de pellizcos de sal. Separamos la yema de la clara y batimos esta última. La agregamos a la harina y mezclamos bien. Vamos incorporando el agua bien fría poco a poco.

Mezclamos suavemente procurando que no queden grumos, hasta obtener una masa fina y líquida, pero con cierta densidad para que se adhiera a los trozos de cebolla. La reservamos en el frigorífico.

A continuación, pelamos la cebolla y la partimos en aros gruesos. Sacamos la tempura del frigorífico y remojamos los aros en la fuente. Mientras, ponemos abundante aceite a calentar en una sartén honda. Cuando esté muy caliente, sumergimos los aros en el aceite. En cuanto se doren, al cabo de un par de minutos, los sacamos y ponemos en una fuente con papel absorbente. Los trasladamos a otra fuente y espolvoreamos con hinojo picado.

TEMPURA EN SU PUNTO. Si al final de hacer la tempura nos quedasen grumos, podemos pasar la masa por un colador. Así conseguimos que la tempura quede como una capa uniforme sobre la pieza de alimento.

Los huevos aportan proteínas de muy buena calidad y se pueden preparar de múltiples formas, algunas añadirán nutrientes deseables y otras no tanto. Con estos huevos al horno conseguimos una clara cuajada con una yema fluida, sin apenas grasa y con cero gluten.

Huevos al horno
con besamel, tomate y cebollino picado

INGREDIENTES

- 200 g de tomate frito sin gluten
- Aceite de oliva virgen
- Sal
- Pimienta negra molida
- 4 huevos
- 200 g de queso mascarpone
- 50 g de nata sin gluten
- 100 g de bacón
- Cebollino

ELABORACIÓN

Precalentamos el horno a 180 ºC. Preparamos cuatro cazuelitas de barro las untamos de aceite, vertemos 50 g de tomate en cada una, salpimentamos y colocamos un huevo en cada una.

Luego mezclamos en un bol el queso mascarpone con la nata, salpimentamos, cortamos el bacón en taquitos y los incorporamos a la mezcla. Repartimos la crema por las cazuelitas sin ocultar la yema.

Picamos menudo el cebollino y lo repartimos en cada cazuelita. A continuación, introducimos las cazuelitas en una bandeja honda para horno, con agua hasta la mitad de las cazuelas. Horneamos unos 10-15 minutos o hasta que la clara haya cuajado.

AL BAÑO MARÍA. Al emplear en el horno el método del baño María evitamos que el tomate frito se quede pegado y se queme en la cazuela. De este modo, conseguimos un plato suelto y de textura muy agradable.

Si pensamos en tortitas o panqueques nos viene a la cabeza una dulce merienda o desayuno, pero elaboradas como base para preparar un plato salado no tienen precio. Es fácil sustituir las harinas por otras sin gluten. La masa seguirá siendo ligera y esponjosa.

Tortas de sorgo
con brócoli, queso y tomates secos

INGREDIENTES

- 80 g tomates secos
- ½ taza de harina de sorgo
- 1/3 de harina de tapioca
- 2/3 de fécula de maíz
- Una cucharadita de levadura
- ¼ de cucharadita de goma xantana
- ½ cucharadita de bicarbonato sódico
- Una cucharadita de sal
- Aceite de oliva
- 2 huevos
- ½ taza de leche
- 400 g de brócoli
- 300 g queso mascarpone

ELABORACIÓN

Primero dejamos los tomates secos en un poco de agua para que se hidraten. Mientras, mezclamos en un bol los ingredientes secos: harinas, fécula, levadura, goma xantana, bicarbonato y sal. Añadimos una cucharada de aceite y el huevo y lo mezclamos hasta que se integre bien. Vamos añadiendo la leche hasta que se forme una masa ligera sin grumos. Dejamos reposar cinco minutos.

Ahora ponemos dos dedos de agua en una olla con un poco de sal y calentamos. Cuando rompa a hervir, echamos los ramilletes de brócoli tapamos y dejamos que cueza entre cinco y siete minutos. Escurrimos y reservamos. Escurrimos también los tomates hidratados y los troceamos.

Ponemos a calentar una plancha o sartén amplia con un chorrito de aceite y vertemos la masa en porciones de unas cuatro cucharadas para hacer tortitas individuales. En cuanto comience a burbujear, damos la vuelta y sacamos. Untamos las tortas con queso mascarpone, repartimos el brócoli y los tomates, salpimentamos y servimos.

MASA LIGERA. La pasta para las tortitas debe tener una densidad ligera, pero no demasiado acuosa. Si queda muy espesa, aligeraremos la masa con más leche. Si por el contrario está demasiado líquida, agregaremos más harina de sorgo.

¿Qué tal una hamburguesa con panecillos oscuros? Gracias a la harina de alforfón y algarroba que además, carecen de gluten, conseguiremos un sabor muy especial y un exótico color que captará la atención de los gourmets más curiosos.

Hamburguesa de pollo
con tomate y albahaca

INGREDIENTES
- 10 g de levadura fresca
- 180 g de harina panificable sin gluten
- 25 g de harina de trigo sarraceno
- 25 g de harina de algarroba
- Una cucharadita de psyllium
- 35 ml de aceite
- 300 g de agua
- 2 pechugas de pollo fileteadas
- Orégano, pimienta y sal
- 2 tomates
- Albahaca fresca

ELABORACIÓN

Precalentamos el horno a 210 ºC. Disolvemos la levadura en un poco de agua tibia y reservamos. Tamizamos las harinas en un bol agregamos la sal y el psyllium, que da esponjosidad. Mezclamos y en el centro vertemos el aceite y el agua poco a poco mientras amasamos muy bien. Obtendremos una masa muy pegajosa que dejaremos en reposo, durante una hora tapada con un film, para que aumente su volumen.

Pasado el tiempo, nos ayudamos de una cuchara aceitada o con las manos (también aceitadas) para formar los panecillos. Los colocamos sobre la bandeja forrada con papel para hornear. Los pincelamos con aceite y horneamos unos 15 minutos. Luego bajamos la temperatura a 190 ºC y horneamos otros 20 minutos más. Dejamos que se enfríen.

Mientras se hace el pan, podemos hacer las pechugas de pollo sazonadas a la plancha. Luego abrimos los panecillos y los rellenamos con el pollo, rodajas de tomate y albahaca.

PAN MÁS FINO. Si dejamos reposar la masa en el frigorífico durante 48 horas para que haga el levado más lento, conseguiremos un pan con más aroma y una textura más fina que haciendo el pan en el mismo momento.

Estos canelones libres de gluten (por ser de maíz) constituyen un plato tan nutritivo como sabroso. Su original presentación hacen de ellos, además, un sugerente plato para sorprender a propios y extraños sin renunciar a la gastronomía de siempre.

Canelones de maíz
con carne, besamel, tomate y queso

INGREDIENTES

PARA LAS CREPES

- 150 g de harina de maíz amarilla sin gluten
- 2 huevos
- 300 ml de leche
- Sal y aceite de oliva virgen

PARA EL RELLENO

- 2 cebollas medianas
- Un pimiento rojo grande
- 400 g de carne de ternera y cerdo
- Sal y pimienta
- Perejil
- 25 g de foie-gras
- ½ vaso de vino blanco
- 250 g de tomate frito

PARA LA BESAMEL

- 450 ml de leche
- Sal
- Pimienta
- Mantequilla
- Nuez moscada
- 25 g de harina de maíz blanca

ELABORACIÓN

Tamizamos la harina, añadimos los huevos, un poco de leche y la sal. Vamos batiendo a medida que incorporamos el resto de la leche. Dejamos reposar en la nevera unos 30 minutos. Aceitamos una sartén pequeña y cuando esté caliente, vertemos un cucharón de la masa para hacer las crepes. Dejamos que cuaje por ambos lados.

Para el relleno, cocinamos la cebolla picada en una sartén con un poco de aceite, a los cinco minutos añadimos el pimiento rojo picado, cocinamos otros cinco minutos e incorporamos la carne sazonada con sal, pimienta, perejil picado y el foie-gras, salteamos y vertemos el vino. Cocinamos unos minutos y dejamos reposar.

Hacemos la besamel calentando la mitad de la leche con sal, pimienta, una nuez de mantequilla y un poco de nuez moscada, Cuando hierva, añadimos la maicena diluida en el resto de leche fría, dejamos que vuelva a cocer sin dejar de remover. Rellenamos los crepes, enrollamos y los gratinamos unos minutos.

RESULTADO FINAL. Para apreciar todos los sabores, no mezclaremos la besamel con el tomate, sino que pondremos una cucharada de tomate y una de besamel y enrollaremos.

La harina de maíz es una buena baza en la alimentación sin gluten; lo malo es que su masa no consigue demasiada cohesión, por lo que, en este caso, la pizza de polenta resultante será quebradiza. Eso sí, a cambio de este inconveniente obtendremos un sabor y textura exquisitos.

Falsa «pizza»
con polenta, tomates cereza, queso y orégano

INGREDIENTES

- 1 l de leche
- 1 l de agua
- Sal y pimienta
- 500 g de harina de maíz amarilla
- 50 g de queso rallado
- Aceite de oliva virgen
- Orégano en polvo y fresco
- Ají molido
- Perejil
- 200 g de queso cremoso
- Un huevo
- Un bote de 250 g de salsa de tomate natural
- 200 g de mozarella
- 125 g de tomatitos cherry

ELABORACIÓN

Precalentamos el horno a 180 ºC. Hervimos en una cazuela la leche y el agua con un pellizco de sal. Agregamos la harina en forma de lluvia mientras removemos hasta que quede una masa espesa.

Apagamos e incorporamos el queso rallado, un par de cucharadas de aceite, el orégano, el ají molido, el perejil picadito, el queso cremoso y un huevo batido. Mezclamos todo bien para que se integre y colocamos la polenta en una bandeja para pizza untada con aceite.

Ponemos la salsa de tomate por encima y horneamos la base durante 15 minutos. Retiramos la pizza y cubrimos con la mozzarella, tomatitos cherry, pimienta y ramitas de orégano. Horneamos nuevamente unos 10 minutos hasta que se derrita el queso.

REALZAR SABORES. Si en lugar de emplear agua para cocer la harina de maíz utilizamos caldo de verduras, la polenta nos quedará todavía más sabrosa. Para que quede cremosa y jugosa, hay que retirarla del horno justo al derretirse el queso.

La quinua es un pseudocereal tan versátil como el arroz. Su sabor es exquisito y es pródiga en elementos nutritivos. Combina perfectamente con vegetales y especialmente con los calabacines, asados o cocidos, con los que forma un tándem de gran éxito en la cocina.

Calabacín relleno
con quinua, queso y tomillo fresco

INGREDIENTES
- 200 g de quinua
- Sal
- 2 calabacines
- ½ cebolla
- Aceite de oliva virgen

- Una zanahoria
- 100 g de queso rallado para gratinar
- Semillas de lino
- Tomillo fresco

ELABORACIÓN

Enjuagamos bien la quinua con agua. En una olla ponemos una parte y media de agua por parte de quinua y cocemos con un pellizco de sal. Cocinamos durante 20 minutos a fuego lento.

Mientras, cocinamos al vapor durante cinco minutos los calabacines cortados longitudinalmente. Dejamos enfriar y quitamos la pulpa. Cortamos menuda la cebolla, la zanahoria y la pulpa del calabacín. En una sartén con una cucharada de aceite hacemos un sofrito con las verduras.

Incorporamos la quinua al sofrito, sazonamos, removemos y rellenamos los calabacines. Espolvoreamos el queso rallado por encima y horneamos unos 15 minutos en el horno precalentado a 180 °C. Cuando estén listos, espolvoreamos unas semillas de lino por encima, un poco de tomillo ¡y listo!

MÁS SABOR. La quinua puede cocerse con un diente de ajo y pimienta para que tome estos sabores. También puede rehogarse con el ajo antes de cocerse.

Todas las personas celíacas viven con la precaución de evitar cualquier producto que pudiera contener harinas, almidones, féculas, etc. con gluten. Por eso, una alimentación basada en productos naturales, frescos, de mercado y no manufacturados, es la más segura.

Redondo de carne
relleno y asado en su jugo

INGREDIENTES

- Un lomo de cerdo
- 250 g de jamón
- 4 huevos duros
- Un pimiento rojo asado
- Sal
- Pimienta
- Aceite de oliva
- Tomillo
- Una copita de coñac
- Un vasito de vino blanco

ELABORACIÓN

Pedimos en la carnicería que nos corten el lomo de cerdo en tres trozos y que, a su vez, en cada uno de ellos hagan tres hendiduras profundas para poder rellenarlo.

En la primera hendidura ponemos jamón; en la segunda, unas rodajas de huevo duro y en la tercera, unas tiritas de pimiento asado. En realidad, podemos rellenarlo con lo que queramos, hay quien añade aceitunas, champiñones, frutos secos, etc. Cerramos con hilo de cocina cada trozo de lomo y salpimentamos al gusto.

En una sartén, calentamos una base de aceite de oliva y marcamos los lomitos. Después, los trasladamos a una olla a presión, añadiendo el aceite en el que se han dorado, una pizca de tomillo, el coñac, el vino y un vasito de agua. Cerramos y dejamos cocinar durante 15 minutos (en olla rápida). Cuando estén hechos, los podemos cortar en filetitos y acompañarlos de la salsa que quede en la olla o bien dejarlos enteros y que cada comensal descubra su colorido interior.

CARNES. Las carnes pueden consumirse sin ningún riesgo en las dietas libres de gluten, siempre que sus salsas o rebozados no incluyan harinas o espesantes de trigo. Pongamos cuidado a la hora de la preparación controlando todo el proceso culinario.

Frente a las carnes rojas, el pollo solo reúne ventajas: una carne tierna, fácilmente digerible y con poca grasa, muy apreciada y tolerada hasta por los paladares más problemáticos (como los de los más pequeños). Asado está riquísimo y aquí está libre de gluten por los cuatro costados.

Pollo rustido
con cebolleta, ajo, guindilla roja y pimienta roja

INGREDIENTES

- 1 y ½ kg de pollo
- Sal
- Tomillo
- Una cabeza de ajos y 2 dientes

- 4 limones
- 2 g de granos de pimienta roja
- 500 g de patatas pequeñas
- 300 g de cebollitas francesas
- 100 ml de aceite de oliva virgen
- 250 g de guindillas rojas
- 100 ml de vino blanco

ELABORACIÓN

Troceamos el pollo lo sazonamos con sal y tomillo. Machacamos dos dientes de ajo y lo mezclamos con el jugo de un par de limones, añadimos los granos de pimienta y regamos el pollo con la mezcla. Lo dejamos marinar durante un par de horas.

Precalentamos el horno a 180 °C. Lavamos las patatas y las cortamos en trozos grandes. Pelamos y cortamos las cebollitas, y la cabeza de ajos en dos mitades. Colocamos todo en una fuente refractaria o de barro con un chorrito de aceite. A continuación, agregamos el pollo marinado con su jugo. Salpimentamos e incorporamos las guindillas.

Regamos con el vino blanco, el jugo de otros dos limones y un chorrito de aceite. Cubrimos con papel de aluminio y horneamos unos 30-40 minutos. Retiramos el papel de aluminio y horneamos otros 15 minutos, hasta que se dore el pollo.

JUGOSIDAD. Conviene ir regando el pollo de vez en cuando con sus propios jugos. Se puede agregar un poco de agua si vemos que el jugo se va evaporando.

La carne de conejo es una de las más magras. Sus proteínas son de alta calidad y su contenido graso es también muy bajo (como el pollo), un factor a tener en cuenta si queremos tener bajo control nuestro colesterol. Además, tiene un sabor muy particular.

Conejo guisado
con salsa de nata, cebolleta roja y limón

INGREDIENTES
- Un conejo troceado
- Sal
- Tomillo fresco
- Perejil fresco
- Una cebolla
- 30 ml de aceite de oliva virgen
- 50 ml de nata sin gluten
- ½ vasito de vino blanco
- Un limón
- Una cucharada de mostaza sin gluten
- Pimienta
- 10 chalotas rojas
- 6 dientes de ajo

ELABORACIÓN
Sazonamos la carne de conejo con sal, tomillo y perejil y la dejamos reposar unos minutos en el frigorífico. Mientras tanto, picamos la cebolla y la doramos en una sartén con un par de cucharadas de aceite.

Cuando esté transparente, añadimos la nata, el vino, el zumo de medio limón y la cucharada de mostaza. Salpimentamos al gusto, movemos y cocinamos a fuego lento un par de minutos. Apagamos y reservamos. Pelamos las chalotas y las partimos por la mitad.

En una fuente refractaria echamos un chorrito de aceite, colocamos los trozos de conejo, las chalotas y los dientes de ajo pelados y enteros. Añadimos la salsa y decoramos con un par de rodajas de limón y un poco de perejil. Horneamos en el horno precalentado a 180 °C alrededor de 45 minutos.

GLUTEN FREE · GLUTEN FREE · GLUTEN FREE

MEJOR CON SAL. Al tener tan poca grasa, la carne de conejo suele quedar más seca que otras carnes cuando se cocina. Por eso es habitual prepararla en guisos, con salsas, cremas o al ajillo, muy típico. Y también formando parte de menestras de verduras, arroces y calderetas.

El pescado es otra fuente de proteínas más que recomendable si queremos llevar una dieta equilibrada y saludable. En este caso, hemos empleado merluza, cuya carne fina y exquisita admite todo tipo de preparaciones culinarias, desde vapor, plancha, asada o rebozada.

Merluza asada
con salsa romesco, cebolla y patatas

INGREDIENTES
- Una cabeza de ajos
- 5 tomates maduros
- Aceite de oliva virgen
- Sal
- Pan tostado sin gluten

- 2 cucharadas de vinagre de Jerez
- Pimentón
- 50 g de almendras
- 20 g de avellanas
- Una merluza cortada en lomos
- 300 g de patatas
- Una cebolleta

ELABORACIÓN
Separamos un diente de ajo que reservamos crudo y asamos en el horno, a unos 200 ºC durante 35-40 minutos, la cabeza de ajos y los tomates. Cuando estén asados y templados, pelamos y despepitamos los tomates, pelamos los ajos y lo trituramos todo mientras vamos añadiendo aceite. Sazonamos con un pellizco de sal.

Ponemos una rebanada de pan a remojo en un par de cucharadas de vinagre y la incorporamos a la mezcla anterior. Añadimos el pimentón, el diente de ajo y seguimos batiendo. Luego agregamos los frutos secos previamente picados a la salsa y lo mezclamos todo bien con un tenedor.

A continuación, preparamos la merluza. Mientras, precalentamos el horno a 200 ºC, ponemos la merluza y las patatas, cortadas en rebanadas gruesas, a cocer al vapor en una olla con rejilla durante seis minutos. Luego colocamos en una bandeja para el horno un lecho de salsa, la merluza, las patatas y la cebolleta picada. Horneamos entre cinco y ocho minutos y listo.

DESCONGELACIÓN. Los lomos de merluza congelada son una buena opción para este plato, y además estarán libres de espinas. Hay que descongelarlos lentamente en la parte menos fría de la nevera.

Masas y panes sin gluten

Los panes resultan una espada de Damocles en la alimentación sin gluten, ya que este alimento tan básico suele realizarse con trigo. Sin embargo, este problema se ha convertido en una ventaja, ya que ha provocado el aumento de la diversidad de panes y masas.

PAN ARTESANAL

Es cierto que al carecer de gluten –la proteína que da elasticidad y esponjosidad–, los panes y masas suelen quedar más planos y compactos. Sin embargo, los preparados comerciales de harinas panificables sin gluten suelen conseguir esa esponjosidad tan deseada. También es posible alcanzarla de manera artesanal, ya que algunos sustitutos del gluten como la goma xantana, las semillas de lino, de chía o de «Plantago ovata» han demostrado su eficacia. Podemos sumergirnos en una experiencia nueva con nuestros propios panes y masas, estudiando la proporción de los ingredientes al principio, pero sabiendo que con perseverancia y con la variedad de harinas de otros cereales, legumbres, frutos secos y semillas, se abre un tentador camino hacia los panes artesanales.

¿Quién ha dicho que los bizcochos deben ser dulces? Si elegimos unos ingredientes tan sabrosos y nutritivos como quesos y hortalizas solo hará falta un poco de harina sin gluten para lograr un saludable primer plato con una textura muy sorprendente.

Bizcocho salado
de calabacín con queso

INGREDIENTES
- 125 g de harina sin gluten
- 6 g de levadura sin gluten
- ½ cebolla
- 30 ml de aceite de oliva virgen
- Un diente de ajo
- 350 g de calabacín
- Sal y pimienta
- 3 huevos
- 50 g de queso Emmental rallado
- 50 g de queso parmesano rallado
- 50 g de queso feta
- 100 ml de leche

ELABORACIÓN
Tamizamos previamente la harina con la levadura y reservamos. A continuación, pelamos la cebolla, la cortamos muy picadita y la pochamos en una sartén con el aceite. Cuando esté transparente, agregamos el ajo machacado y el calabacín limpio y rallado.

Salpimentamos y cocinamos a fuego medio durante ocho minutos. En un bol, batimos los huevos y agregamos, poco a poco, la harina tamizada con la levadura hasta obtener una masa homogénea. Añadimos al bol los quesos rallado y el feta desmenuzado, la leche y las verduras pochadas. Mezclamos todos los ingredientes.

Luego, trasladamos la mezcla a un molde o bandeja para el horno previamente engrasado y horneamos en el horno precalentado a 180 °C durante 40- 45 minutos o hasta que la superficie quede ligeramente tostada.

DOS EN UNO. Esta receta también puede hacerse sin harina, con lo que empleando un molde más profundo obtendremos un pudin. Sin embargo, con la harina conseguimos una consistencia esponjosa y una cubierta crujiente.

Aunque haya que prescindir del gluten, existen harinas y preparados panificables aptos para celíacos que nos permiten disfrutar de los panes en toda su variedad. Un alimento saciante y energético que es ideal para preparar unos canapés tan apetitosos como estas tostas de queso.

Tosta con cumbre
de queso fresco y semillas de calabaza

INGREDIENTES

• 150 g de harina de maíz • 300 g de harina panificable sin gluten • 8 g de levadura sin gluten • 8 g de sal • 1 y ½ vaso de agua • Semillas de calabaza • Queso fresco

ELABORACIÓN

Añadimos al cuenco con el prefermento (ver abajo) el resto de las harinas, la levadura disuelta en un poco de agua, la sal y medio vaso de agua. Mezclamos todo bien y añadimos el resto del agua progresivamente hasta que quede una masa pegajosa, pero que pueda manejarse.

En la encimera, con un poco de harina sin gluten, amasamos bien durante 10 minutos, moldeamos una pelota, hacemos una cruz en la superficie, tapamos con un trapo húmedo y dejamos reposar una hora y media.

Ponemos la masa en la bandeja de horno con papel sulfurizado y, mientras, precalentamos el horno a 220 ºC, la rociamos con semillas de calabaza y dejamos que repose un cuarto de hora. Luego horneamos unos 45 minutos. Sacamos, dejamos que el pan se temple y hacemos rebanadas que untaremos con queso fresco.

PREFERMENTO. El prefermento o «poolish» acelera el tiempo de fermentado de la masa. Para elaborarlo en esta receta, tomamos 150 g de harina panificable, 4 g de levadura y 150 ml de agua tibia y lo mezclamos todo en un cuenco grande con la batidora a velocidad lenta. Dejamos reposar, tapamos con film y dejamos fermentar durante 4 horas.

El pan de leche o brioche está rico para desayunar, merendar o comer. Tiene un toque dulzón que convierte los bocadillos en una imaginativa mezcla dulce y salada libre de gluten que estimula hasta el paladar de los más pequeños.

Brioche de maíz
con semillas de calabaza

INGREDIENTES

- 400 g de harina de maíz sin gluten
- Sal
- 20 g de levadura sin gluten
- 300 ml de leche templada
- 70 g de azúcar
- Un huevo y una yema
- 100 g de mantequilla

ELABORACIÓN

En un bol grande ponemos la harina y en medio hacemos un hueco donde añadimos un pellizco de sal, la levadura disuelta previamente en la leche, el azúcar, y el huevo batido (reservamos la yema del segundo huevo). Mezclamos todo bien y amasamos hasta que podamos hacer una bola homogénea.

A continuación, añadimos la mantequilla reblandecida poco a poco y la mezclamos bien hasta que la masa no quede pegada al bol. Tapamos con un paño humedecido y dejamos que repose a temperatura ambiente durante una hora.

Pasado el tiempo de reposo precalentamos el horno a 180 °C y hacemos bolas con porciones homogéneas de la masa. Podemos incrustar en ellas desde chips de chocolate hasta semillas de calabaza, o simplemente, nada. Las colocamos juntas en la bandeja del horno sobre papel sulfurizado y pincelamos con la yema de huevo. Horneamos unos 30 minutos.

TONO DORADO. Para evitar que la superficie del brioche se tueste demasiado mientras se hace por dentro, podemos hornear unos 10 minutos por arriba hasta que se dore la superficie. Luego cubrimos con papel de aluminio mientras termina el tiempo de horneado.

Otra alternativa libre de gluten para hacer bocadillos: los bagels. Estos panecillos tienen truco, ya que se cuecen antes de hornearlos. El resultado es un pan compacto, crujiente por fuera, que puede rellenarse con lo que queramos. Una sugerencia: el queso para untar «le va como anillo al dedo».

Bagels con semillas
de sésamo, girasol, calabaza y amapola

INGREDIENTES

- 25 g de levadura fresca, sin gluten
- 300 ml de agua tibia
- 500 g de harina preparada para panificar sin gluten

- 1 y ½ cucharada de azúcar
- ½ cucharadita de sal fina
- Un huevo
- Semillas de sésamo, girasol, calabaza, amapola

ELABORACIÓN

Diluimos la levadura con el agua tibia y dejamos que repose unos 15 minutos. En un bol grande tamizamos la harina y mezclamos con media cucharada de azúcar y la sal. Vamos incorporando la levadura diluida y removemos. Cuando la masa tenga una consistencia elástica dejamos reposar durante una hora.

Sacamos porciones de la masa, amasamos, damos una forma redondeada y hacemos un agujero amplio en el centro. Dejamos reposar los bagels tapados unos 30 minutos.

A continuación, llevamos a ebullición un litro de agua con una cucharada de azúcar y cocemos los bagels unos siete minutos. Los escurrimos y colocamos en la bandeja del horno. Los pincelamos con el huevo batido, los decoramos con las semillas y horneamos a 180 °C unos 30 minutos hasta que queden doraditos.

COMPACTO Y CRUJIENTE. La principal característica de los bagels es su corteza fina y uniforme, que quedará más crujiente si antes de cocerlos los pasamos por la sartén vuelta y vuelta.

Este tipo de panes o bizcochos salados no solo están ricos, sino que además son muy prácticos. Solucionan cenas, meriendas y fiestas, y como se toman a cualquier temperatura serán un excelente avituallamiento en excursiones. Y con la harina sin gluten siguen estando igual de apetitosos que con gluten.

Pan inglés
con bacón, nata, perejil y queso

INGREDIENTES

- 175 g de harina sin gluten
- 6 g de levadura en polvo sin gluten
- 100 g de bacón
- Sal

- 3 huevos
- 50 ml de aceite de oliva virgen
- 75 ml de leche
- 75 ml de nata líquida
- 100 g de queso rallado
- Orégano
- Perejil

ELABORACIÓN

Tamizamos la harina con la levadura y reservamos. Cortamos el bacón muy menudo y lo salteamos en la sartén sin aceite. Lo sacamos y mientras se enfría, precalentamos el horno a 180 °C.

Añadimos a la harina una pizca de sal y los huevos, y mezclamos todo bien con una espátula. Luego, vertemos el aceite y continuamos mezclando. Añadimos seguidamente la leche y la nata sin dejar de mezclar bien para evitar que queden grumos.

Incorporamos a la masa el bacón, el queso rallado, el orégano y el perejil muy picadito, lo mezclamos todo para repartirlo bien y vertemos en un molde engrasado o antiadherente. Lo metemos en el horno y dejamos que se cocine durante 35-45 minutos. Desmoldamos y dejamos enfriar.

UN BUEN APERITIVO. Este tipo de panes o bizcochos salados están estupendos a una temperatura templada o fría, por lo que son perfectos para tomarlos como tentempié o para el aperitivo.

El hojaldre es una masa con mucho sabor que proporciona una textura crujiente muy atractiva al paladar. Admite todo tipo de rellenos: carnes, verduras, pescado, frutas… Así que contar con una masa de hojaldre sin gluten en el congelador es una excelente baza en la cocina para celíacos.

Hojaldre relleno
de espinacas, piñones, bacón y queso

INGREDIENTES

- 6 lonchas de bacón
- Aceite de oliva virgen
- ½ cebolla
- 300 g de espinacas frescas
- 10 g de piñones
- Sal y pimienta
- Nuez moscada
- Una lámina de hojaldre sin gluten
- 150 g de queso de cabra
- 20 g de queso rallado

ELABORACIÓN

Pasamos las lonchas de bacón por la sartén bien caliente, vuelta y vuelta. Las sacamos y reservamos. En la misma sartén, con un par de cucharadas de aceite, salteamos la cebolla cortada. Cuando esté dorada, añadimos las espinacas lavadas y escurridas, removemos un par de minutos e incorporamos los piñones. Salpimentamos y espolvoreamos un poco de nuez moscada

Extendemos la masa de hojaldre en una bandeja para horno y repartimos por el centro las lonchas de bacón, dejando libre los lados para poder cerrar el hojaldre. A continuación, repartimos la mezcla de las espinacas y sobre ella, el queso de cabra desmenuzado.

Doblamos los laterales de la masa, tapamos el hojaldre y espolvoreamos la superficie con queso rallado. Horneamos a 180 °C durante 15-20 minutos.

GANAR TIEMPO. La masa de hojaldre es muy laboriosa de hacer, y sin gluten, tiene aún más complejidad. Si no disponemos de tiempo podemos adquirir masa de hojaldre sin gluten en grandes superficies y en tiendas especializadas.

La masa de pizza es fácil de preparar, por lo que merece la pena la elaboración casera. Podemos emplear diferentes harinas sin gluten (preparados comercializados, trigo sarraceno, maíz…) porque no requiere la esponjosidad de otras masas y se enriquece con las texturas y sabores de otros cereales.

Pizza finísima
con tomates, albahaca, orégano y aceite

INGREDIENTES

- 250 g de harina sin gluten
- ½ cucharadita de sal
- 150 ml de agua
- 5 g de levadura sin gluten
- Una cucharada de aceite de oliva virgen

- ½ cebolla
- 20 g de queso rallado
- 500 g de tomates (cherry, pera, kumato…)
- Orégano fresco y en polvo
- Albahaca fresca y en polvo

ELABORACIÓN

Hacemos un montaña con la harina sobre la encimera. En el centro hacemos un hueco y añadimos la sal, el agua tibia, la levadura y el aceite. Amasamos desde el centro hacia fuera para que los ingredientes se mezclen de forma homogénea. Si no queda muy elástica, añadimos un poco más de agua. Dejamos reposar tapada durante 20 minutos.

Precalentamos el horno a 180 ºC. Extendemos la masa con un rodillo y le damos la forma que deseemos. La ponemos en una bandeja para horno sobre papel sulfurizado y repartimos la cebolla previamente cortada y salteada en la sartén.

Espolvoreamos con el queso rallado y cubrimos con las distintas variedades de tomates en rodajas. Añadimos un poco de orégano y albahaca en polvo. Horneamos durante 20-30 minutos y servimos con albahaca y orégano frescos.

«PRE-COCINADA». Podemos dar a la masa el tamaño y forma que queramos, hornearla unos 10 minutos a 200 °C, dejarla enfriar y congelar. Con este precocinado podemos preparar pizzas que necesitarán menos tiempo de horneado.

Lo bueno de la pizza es que permite que en un solo plato podamos consumir cualquier tipo de alimento tanto cocinado como fresco. En esta suculenta pizza pepperoni sin gluten, la rúcula fresca aporta su sabor picante característico sin perder un ápice de sus vitaminas.

Pizza pepperoni
con rúcula, tomate, queso y tomillo fresco

INGREDIENTES

- 350 g de harina de arroz
- 250 g de harina de maíz
- Sal
- 350 ml de agua
- 25 g de levadura
- Una cucharadita de azúcar
- 20 ml de aceite de oliva
- 350 g de salsa de tomate
- 300 g de mozarella
- 150 g de pepperoni
- 200 g de tomatitos cherry
- Un ramillete de romero fresco
- 125 g de rúcula

ELABORACIÓN

En un bol mezclamos las harinas con un par de pellizcos de sal. En una taza con el agua tibia disolvemos la levadura y el azúcar y la añadimos al centro del bol con las harinas. Agregamos también el aceite y amasamos todo bien a mano. Podemos añadir algo más de harina o de agua para obtener la consistencia deseada.

Cuando se convierta en una masa elástica que pueda ligarse formando una bola, la tapamos y dejamos reposar alrededor de hora y media, hasta que doble su volumen. Aceitamos el molde y extendemos la masa uniformemente. Si sobra masa puede congelarse. Precalentamos el horno a 200 ºC.

Untamos la masa con la salsa de tomate. Repartimos la mozzarella y el pepperoni picado. Partimos los cherrys por la mitad y los distribuimos por la superficie. Añadimos un ramita de romero y horneamos alrededor de 10-15 minutos. Servimos con rúcula fresca por encima.

MASA MÁS DENSA. La mezcla de harinas sin gluten resulta necesaria dependiendo del resultado que queramos para nuestra masa. En este caso, la harina de arroz proporciona mayor densidad a la masa que si solo empleamos harina de maíz.

La focaccia es un pan cuyo toque característico lo dan el aceite de oliva y las hierbas con las que se le aromatiza. Con una base tan mediterránea, el resto de ingredientes (hortalizas, quesos, aceitunas...) no harán sino enriquecer este sencillo manjar que también tiene su versión sin gluten.

Focaccia cuatro gustos
con cebolla, tomates, queso y champiñones

INGREDIENTES

- 200 g de harina preparada sin gluten
- 100 g de harina de garbanzo
- Sal
- Una cucharada de orégano
- 12 g de levadura fresca sin gluten
- 150 ml de agua
- 30 ml de aceite de oliva
- 5 tomatitos cherry
- 5 champiñones
- ¼ de cebolla morada
- Pimienta en grano
- 100 g de queso emmental
- Romero en polvo
- Eneldo fresco

ELABORACIÓN

En un bol, tamizamos las harinas. Mezclamos con un pellizco de sal y el orégano. Aparte, disolvemos la levadura en un poco de agua tibia y la añadimos al centro del bol con la harina junto al aceite y el resto del agua. Vamos amasando hasta obtener una masa homogénea y elástica.

Cubrimos el bol con la masa con un paño y lo dejamos reposar durante 60 minutos para que doble su volumen. Precalentamos el horno a 250 °C. Vertemos la masa en un bandeja para horno engrasada. Damos la forma que queramos a la masa, por ejemplo de hogaza, y colocamos los ingredientes en la superficie.

Presionamos para que queden fijos los tomatitos cherry, los champiñones cortados en láminas, la cebolla con los granos de pimienta y el queso cortado en láminas. Horneamos 20-25 minutos o hasta que esté dorado y servimos adornado con romero y eneldo.

GLUTEN FREE · GLUTEN FREE

SU PUNTO CRUJIENTE. Al carecer de gluten, en ocasiones la focaccia puede no quedar muy esponjosa en su interior. Sin embargo, cortada en rebanadas y pasada por la tostadora gana en textura crujiente.

La harina de maíz es ideal para preparar masa de empanadillas. Al no necesitar la esponjosidad del gluten, este plato es una rica alternativa para las personas celíacas. Para cocinarlas se pueden freír u hornear; dos opciones deliciosas sin olvidar que la primera es más calórica.

Empanadillas de maíz
con mantequilla, pimienta e hinojo

INGREDIENTES

- 125 ml de agua
- 125 ml de vino blanco
- ½ cucharadita de sal
- 25 g de mantequilla
- 150 g de harina de maíz

- 30 ml de aceite de oliva
- ½ cebolla
- 100 g de champiñones
- 200 g de carne picada de ternera
- Hinojo en polvo
- Pimienta en grano
- Un huevo

ELABORACIÓN

En un recipiente, calentamos el agua, el vino y la sal y, cuando esté tibia, derretimos la mantequilla. La vertemos en un bol con la harina y amasamos bien hasta que la harina absorba el líquido y obtengamos una masa consistente. Tapamos y dejamos reposar unos 20 minutos. Precalentamos el horno a 200 °C.

Mientras, hacemos el relleno. Calentamos el aceite en la sartén y freímos la cebolla picada, cuando esté dorada agregamos los champiñones. Salteamos un par de minutos y añadimos la carne sazonada con sal, un poco de hinojo y los granos de pimienta. Cocinamos hasta que se dore la carne y retiramos.

Enharinamos la encimera, extendemos la masa con un rodillo hasta obtener un espesor de unos 3-4 mm y cortamos la masa en cuadrados de unos 6-8 cm de lado. Las rellenamos. Humedecemos los bordes y cerramos ayudados por un tenedor. Pincelamos con el huevo batido y las horneamos durante 15-20 minutos o hasta que se doren.

COCINAR Y CONGELAR. Las empanadas cocinadas pueden congelarse separándolas para que no se peguen. Tras la descongelación, un horneado ligero las devolverá su punto crujiente.

Ya hemos visto que tener masa de hojaldre sin gluten en el congelador es un buen recurso en la cocina. Pues si le añadimos unas latitas de atún, unas cebollas y un pimiento, tendremos un clásico de las empanadas en menos de una hora.

Empanada marinera
rellena de atún con pimiento, cebolla y tomate

INGREDIENTES

- 2 placas de masa de hojaldre sin gluten
- 2 cebollas
- Un pimiento rojo
- 4 cucharadas de aceite de oliva virgen
- 4 latas pequeñas de atún al natural
- Una lata de 500 g de tomates pelados
- Sal
- ½ cucharadita de azúcar
- Un huevo duro y un huevo crudo

ELABORACIÓN

Dejamos que la masa de hojaldre se atempere. Pelamos y picamos la cebolla y el pimiento y lo pochamos todo en una sartén con el aceite. Cuando la cebolla esté transparente, añadimos el atún bien escurrido y salteamos un par de minutos.

A continuación, agregamos los tomates escurridos y cortados en trocitos, echamos un pellizco de sal y el azúcar. Cocinamos unos cinco minutos, añadimos el huevo duro picado, mezclamos y reservamos.

Extendemos la masa de hojaldre en una bandeja de horno forrada o engrasada y ponemos el relleno bien escurrido de líquido. Cubrimos con la otra lámina de hojaldre y cerramos bien todos los laterales. Pinchamos la superficie con un tenedor, pincelamos con el huevo batido y horneamos a 180 °C unos 30-40 minutos.

SIEMPRE JUGOSA. El tomate puede soltar agua al cocinarse, que después reblandece la masa. Si se prescinde de él, añadiremos una cebolla más con la que daremos una jugosidad extraordinaria a la empanada.

Recetas dulces

Los celíacos golosos pueden estar contentos. No tienen por qué conformarse con una o dos opciones llenas de azúcar. Los dulces más sofisticados y más «in» del momento, también han encontrado su hueco entre la repostería sin gluten.

ENDULZAR LA VIDA

Si hay que ponerle alguna pega a estos postres mejor que sea porque son ricos en calorías y no por llevar gluten. Los bizcochos, tartas y cupcakes que proponemos prescinden del gluten sin perder un ápice de su capacidad para agradarnos. Los ingredientes son sencillos, pero los resultados pueden ser todo lo sofisticados que queramos para deleite también de nuestra vista. Así pues, los desayunos, meriendas o postres pueden transformarse en toda una fiesta de color y sabor como si de una pastelería «convencional» se tratara. Darse un capricho y endulzarse la vida también puede ser fácil y satisfactorio para una persona intolerante al gluten.

Una versión muy libre de «tarta de queso con frambuesa» para la que hemos elaborado también unas crujientes galletas de quinua, aptas para todos los paladares, que pueden hacerse en cantidad y con anticipación para disfrutar de este postre cualquier día y en unos pocos minutos.

Queso sobre galleta
con mermelada de frutos rojos

INGREDIENTES
- 50 g de harina de quinua
- 50 g de harina de trigo sarraceno (alforfón) • 30 g de coco rallado • 2,5 g de levadura en polvo
- ½ cucharadita de sal
- 2 cucharaditas de semillas de sésamo • 7 cucharadas de azúcar • 60 g de mantequilla • Un huevo
- 2 cucharadas de zumo de limón • 100 ml de nata para montar • 250 g de queso mascarpone • Un bote de mermelada de frutos rojos

ELABORACIÓN

Tamizamos las harinas y mezclamos el coco. la levadura, la sal, el sésamo y 2 cucharadas de azúcar. Derretimos la mantequilla y la mezclamos con el huevo batido y el limón. Añadimos la mezcla al bol con las harinas y amasamos bien hasta que quede una masa consistente. La tapamos con un paño y la dejamos reposar una hora.

Dividimos la masa en bolitas que aplastamos en forma de cookies y las colocamos en una bandeja para el horno. Horneamos a 150 ºC unos 15 minutos o hasta que queden doradas.

A continuación, montamos la nata con el resto del azúcar y la mezclamos suavemente con el queso. Después trituramos las galletas ligeramente y las repartimos en varios vasos haciendo una base. Añadimos un poco de mousse de queso y volvemos a agregar galleta. Vamos alternando capas y rematamos con una capa de frutos rojos.

EN SU PUNTO. Si queremos conservar el punto crujiente de las galletas no nos quedará más remedio que preparar este postre en el momento, pues con antelación su textura se reblandece y pierde toda la gracia.

Una base de bizcocho se presta a multitud de variaciones dulces. En nuestra masa hemos incorporado fruta que, junto a la harina integral, apta para celíacos, y las semillas de chía aportan una buena cantidad de fibra que nos ayuda a regular el colesterol y el tránsito intestinal.

Tarta de crema de limón
con semillas de chía, manzana y menta

INGREDIENTES

- 75 g de harina integral de arroz
- 75 g de fécula de mandioca
- Una cucharadita de levadura en polvo sin gluten

- 2 huevos
- 250 g de azúcar
- 210 g de mantequilla
- 50 ml de leche
- Una manzana Red Delicious
- 75 g de queso quark
- 1 y ½ limón
- 20 g de semillas de chía
- Menta fresca

ELABORACIÓN

Precalentamos el horno a 180 °C. Tamizamos la harina y la fécula, y mezclamos con la levadura. Ponemos en el centro los huevos, 150 g de azúcar, 150 g de mantequilla reblandecida y amasamos bien (podemos hacerlo con batidora). Vamos agregando leche para hacer la masa más fina.

Cuando tengamos lista la masa, pelamos y troceamos la manzana y la añadimos a la masa. La volcamos en un molde engrasado y horneamos unos 35 minutos.

Mientras se hornea, mezclamos con la batidora el resto de la mantequilla blanda, el queso, el resto del azúcar, tres cucharadas de jugo de limón y la ralladura del limón. Cuando adquiera una consistencia cremosa agregamos las semillas de chía y removemos bien. Esperamos a que el bizcocho se enfríe para cubrirlo con la crema de limón y adornamos con la menta fresca.

TARTA AL GUSTO. Lo práctico de esta receta es que se puede utilizar la fruta de temporada que haya en casa, así como otras semillas: amapola, sésamo, anís...

El bundt es un molde en forma de corona con el que conseguimos presentaciones tan atractivas como tipos de molde hay. Aunque el bundt cake suele ser típico de las fiestas navideñas, cualquier ocasión es buena, incluso un desayuno sin gluten, para este sugerente bizcocho.

Bundt cake marmolado
con baño de chocolate

INGREDIENTES

- 280 g de preparado de harina de repostería sin gluten • 50 g de harina de arroz • 50 g de harina de maíz • 8 g de levadura sin gluten • ¼ de cucharadita de goma xantana • Sal • 300 g de mantequilla • 400 g de azúcar • Una cucharada de extracto de vainilla • 5 huevos • 120 ml de leche • 100 g de cacao en polvo sin gluten • ¼ l de chocolate a la taza

ELABORACIÓN

Precalentamos el horno a 180 ºC. Tamizamos las harinas, la levadura, la goma xantana y una pizca de sal y reservamos. Batimos durante un minuto (con una batidora velocidad media) la mantequilla con 300 g de azúcar y la vainilla. Añadimos los huevos y batimos de nuevo. Vamos agregando la harina y la leche y batimos más lentamente hasta obtener una masa homogénea.

Ahora mezclamos 100 g de azúcar con el cacao y lo diluimos en medio vaso de agua. Agregamos unos 150 g de la masa anterior y mezclamos. Engrasamos el molde de bundt cake y vertemos de forma alternativa ambas masas.

Horneamos durante una hora aproximadamente. Sacamos, dejamos enfriar, desmoldamos y vertemos sobre el bundt cake el chocolate a la taza.

UN INTERIOR DE FANTASÍA. Las masas de colores nos permiten jugar con el aspecto del interior del bizcocho para que, al partir, el efecto sea sorprendente. Si alternamos círculos concéntricos tendremos un bizcocho a rayas.

Proponemos un detalle muy dulce para una fiesta. Con estas cucharas de chocolate haremos las delicias de los más pequeños... y de los más grandes. Son muy sencillas de hacer. Lo importante es que el chocolate y dulces decorativos estén libres de gluten, ¡aunque no de calorías!

Cake pops
de tres chocolates con sprinkles

INGREDIENTES

- 50 g de chocolate negro sin gluten
- 50 g de chocolate blanco sin gluten

- 50 g de chocolate con leche sin gluten
- Sprinkles variados
- Figuritas de azúcar

ELABORACIÓN

Derretimos al baño María y por separado los distintos chocolates hasta que tengan una consistencia más o menos líquida. Colocamos las cucharas sobre un papel encerado y las vamos llenando de chocolate hasta el límite de la cuchara (que quede al ras o un poco menos).

Sumergimos un pincho metálico o bien las puntas de un tenedor en chocolate para decorar las cucharas que llevan el chocolate de otro color. Añadimos las figuritas de azúcar (corazones) y los sprinkles o toppings (perlitas y bolitas) y enfriamos en la nevera.

Otra posibilidad es sumergir las cucharas en el chocolate fundido, decorarlas y dejar que se enfríen. De esta forma, las cucharas quedan con una mayor cobertura de chocolate.

LISTO PARA SABOREAR. Para que el chocolate se despegue más fácilmente de la cuchara, conviene sacarla 30 minutos antes de su consumo o apoyarlas unos segundos sobre una plancha caliente.

Los cupcakes están de moda y el gluten no será un impedimento para poder saborear estos dulces tan coloristas y llenos de sabor. Y si utilizamos una harina integral sin gluten y aceite de oliva en lugar de mantequilla, los haremos aún más saludables e igual de apetecibles.

Cupcake
de chocolate con corazones dulces

INGREDIENTES
• 200 g de harina integral sin gluten, más una cucharada • Una cucharadita de levadura sin gluten • Sal • 200 g de chocolate negro fondant sin

gluten • 2 huevos y una yema • 200 g de azúcar • Ralladura de naranja • 2 cucharadas de cacao en polvo sin gluten • 130 ml de leche • 100 ml de aceite de oliva • 125 g de queso quark • 100 g de azúcar glas • Corazones de azúcar

ELABORACIÓN
Precalentamos el horno a 180 °C. Tamizamos la harina con la levadura y una pizca de sal. Derretimos 100 g de chocolate fondant al baño María y reservamos. En un bol, batimos los huevos incorporamos el azúcar, la ralladura de naranja y el cacao en polvo. Lo mezclamos bien e incorporamos el chocolate fundido.

Batimos suavemente y vamos agregando la leche y la harina poco a poco sin dejar de batir hasta que quede todo bien incorporado. A continuación agregamos el aceite en un chorrito fino y seguimos mezclando. Repartimos la masa en los moldes de cupcakes dejando un dedo y horneamos unos 18 minutos.

Fundimos el resto del chocolate en un cazo y añadimos un par de cucharadas de leche. En un cuenco, mezclamos la yema de huevo con la cucharada de harina, el queso y el azúcar glas y lo incorporamos al chocolate. Removemos bien sin que se queme. Dejamos templar. Empleamos la manga pastelera para adornar y los corazones de azúcar para finalizar.

UNA BUENA BASE. Los ingredientes básicos para el bizcocho son mantequilla (o aceite de oliva), harina, huevos y azúcar. Con un poco de imaginación tendremos mil y una coberturas.

Con un sabor y textura deliciosos, este bizcocho está rico tanto si se toma solo como acompañado de salsas de frutas o confituras, aunque así resulta superior. Los trocitos de nueces aportan además una textura más crujiente y lo mejor de todo es que son cardiosaludables.

Bizcocho de plátano
con confitura de fresas y requesón

INGREDIENTES

- 225 g de harina de repostería sin gluten • Una cucharadita de levadura en polvo sin gluten • Una cucharadita de bicarbonato

- Sal • 150 g de azúcar • 100 g de mantequilla • Una cucharadita de esencia de vainilla • 3 plátanos • 100 ml de leche • 2 huevos • 50 g de nueces peladas • 100 g de requesón • 200 g de confitura de fresa

ELABORACIÓN

Precalentamos el horno a 180 °C. En un bol tamizamos la harina con la levadura, el bicarbonato y un pellizco de sal. Aparte, batimos el azúcar, la mantequilla, la esencia de vainilla y los plátanos machacados. Incorporamos la harina y mezclamos muy bien.

Agregamos la leche y continuamos batiendo hasta que quede bien mezclado. Añadimos los huevos batidos, incorporamos las nueces trituradas y mezclamos hasta que la masa quede homogénea.

Vertemos la masa en un molde engrasado y enharinado y horneamos unos 45 minutos aproximadamente. Dejamos enfriar mientras preparamos una mezcla del requesón triturado con el tenedor y la mermelada de fresa con el que untaremos rebanadas de bizcocho.

EN BUENA COMPAÑÍA. Este bizcocho bañado con crema de leche resulta el acompañamiento perfecto para un espeso chocolate caliente.

Os presentamos una dulce propuesta para el verano, ya que para apreciar todas las bondades de esta tarta, es requisito indispensable que esté refrigerada, aunque no congelada. Apenas requiere una base de bizcocho, pero es recomendable para dar sostén a esta delicia.

Tarta mousse frambuesa
con cobertura de chocolate blanco

INGREDIENTES

BIZCOCHO
- Un huevo
- 40 g de azúcar
- 30 g de harina sin gluten
- 20 g de almendra molida

MOUSSE
- 2 hojas de gelatina
- 6 yemas de huevo
- 150 g de azúcar
- 200 g de crema de queso
- 400 ml de yogur griego
- 250 g de frambuesas

COBERTURA
- 250 g de chocolate blanco sin gluten
- 20 g de mantequilla

ELABORACIÓN

Precalentamos el horno a 180 °C. Batimos a velocidad media el huevo con el azúcar, añadimos la harina y la almendra molida y batimos bien. Vertemos la masa en el molde y horneamos unos 15 minutos. Dejamos enfriar y cortamos en dos planchas. Colocamos una en la base de un molde desmontable.

Remojamos la gelatina en agua fría. Batimos las yemas con el azúcar hasta que doblen el volumen. Añadimos el queso y el yogur y batimos. Aparte, trituramos y colamos las frambuesas, calentamos el puré, reservando ocho cucharadas, y deshacemos la gelatina. Dejamos enfriar y agregamos a la mezcla formando la mousse.

Rellenamos el molde y lo refrigeramos cuatro horas. Cubrimos con otra plancha de bizcocho y untamos con el puré de frambuesas. Fundimos el chocolate blanco sin gluten y la mantequilla al baño María. Removemos y añadimos un chorrito de agua caliente. Desmoldamos, cubrimos con el chocolate blanco y volvemos a refrigerar dos horas más.

PRESENTACIÓN FINAL. Para dar ese aspecto granuloso reservamos un poco de chocolate blanco rallado y lo espolvoreamos nada más agregar la cobertura.

Los buñuelos pueden ser dulces o salados, la clave está en que su masa es muy sencilla y, por tanto, también es fácil adaptarla a la dieta de las personas con intolerancia al gluten. Basta cambiar la harina de trigo por otras más adecuadas... ¡Y están deliciosos!

Buñuelos de
harina de alforfón y azúcar glas

INGREDIENTES

- 20 g de harina de alforfón
- 20 g de maicena
- Una cucharadita de levadura sin gluten
- 80 ml de agua

- 80 ml de leche
- 40 g de azúcar
- 30 g de mantequilla
- Ralladura de ½ limón
- Sal
- 2 huevos
- Aceite de oliva virgen
- Azúcar glas

ELABORACIÓN

En un bol tamizamos las harinas y la levadura y reservamos. En un cazo ponemos a calentar el agua, la leche, el azúcar, la mantequilla, la ralladura de limón y una pizca de sal. Cuando rompa a hervir añadimos la harina de golpe, y removemos bien evitando que se formen grumos.

Retiramos del fuego, seguimos removiendo la masa hasta que ligue y dejamos reposar unos 10 minutos. Luego, añadimos los huevos uno a uno. Mezclamos el primero hasta que quede bien incorporado a la masa y a continuación hacemos lo mismo con el segundo.

En una sartén honda ponemos aceite abundante a calentar. Con ayuda de dos cucharillas formamos bolitas y las freímos a fuego medio hasta que se doren. Los sacamos y ponemos sobre papel absorbente y espolvoreamos con azúcar glas.

CON MÁS SABOR. Si cocemos la leche con una ramita de canela proporcionaremos a los buñuelos el aroma y sabor tan característicos de esta especia.

Si algo requiere un helado es paciencia, pero este esfuerzo se ve recompensado por el delicioso y refrescante sabor de cada bocado. Una ventaja de este alimento tan tentador es que sus ingredientes básicos carecen de gluten, por lo que serán aptos para todos los paladares.

Helado casero
de chocolate y menta

INGREDIENTES

- 275 ml de leche
- 150 g de azúcar glas
- 125 ml de nata líquida
- Hojas de menta
- 6 yemas
- 100 g de chips de chocolate sin gluten

ELABORACIÓN

En un cazo ponemos a calentar a fuego medio la leche, el azúcar y la nata removiendo de vez en cuando. Cuando rompa a hervir añadir las hojas de menta, bajar el fuego y cocer a fuego lento, sin dejar de remover, unos cinco minutos. Retirar el cazo del fuego y dejar reposar.

A continuación batimos las yemas de huevo y vamos añadiendo la mezcla anterior sin dejar de remover. Volvemos a pasar al cazo y calentamos de nuevo a fuego bajo y removiendo hasta que la mezcla espese.

Retiramos del fuego y cuando esté frío, añadimos los chips de chocolate. Pasamos a una heladera o a un recipiente de acero inoxidable y lo refrigeramos durante una hora, luego lo pasamos al congelador y al cabo de una hora lo sacamos y revolvemos toda la mezcla para que no quede congelada. Repetimos la operación tres veces más y finalmente lo dejamos en el congelador hasta su consumo.

EN SU PUNTO. Cuando se vaya a consumir el helado es mejor sacarlo del congelador media hora antes y dejarlo reposar en el frigorífico.

Términos usuales

Aliñar. Aderezar, condimentar o sazonar alimentos, sobre todo crudos, con sal, aceite, vinagre, etc.

Bagel. Pan con forma de rosquilla.

Batir. Remover con enérgicos movimientos circulares y ascendentes uno o varios ingredientes para que entre aire en el líquido o la masa que forman.

Besamel. Salsa cocinada con una base de leche a la que se añade un espesante (generalmente una harina) y una grasa (normalmente, mantequilla). Se usa sobre todo como cobertura y relleno para pastas.

Bundt. Tipo de molde para hacer bizcochos y bases de tartas que consiste en una forma circular con un agujero en medio.

Cake pop. Postre con forma de bolita de bizcocho con una cobertura de chocolate o fondant, que está pegado a un palillo.

Celiaquía. O enfermedad celíaca. Es la intolerancia permanente al gluten de cereales como el trigo, la cebada, el centeno y la avena, y cualquiera de sus variedades. Se manifiesta con síntomas como diarrea, estreñimiento, trastornos digestivos, malnutrición, etc.

Cocer. Cocinar un alimento sumergiéndolo en un líquido en ebullición hasta que esté tierno.

Cracker. Galletita o pan de distinto tamaño y forma, que se usa como aperitivo para poner encima cremas de queso, patés, etc.

Cupcake. Porción individual de tarta o bizcocho que se adorna con un copete de nata, chocolate, etc., o con una cobertura de fantasía.

Cuscús. Comida típica de Marruecos que consiste en una mezcla de sémola en grano mezclada con carne, verduras y salsa.

Emulsionar. Mezcla de dos líquidos inmiscibles (como por ejemplo, aceite y vinagre) hasta obtener una salsa más o menos homogénea.

Fécula. O almidón. Sustancia almacenada en la raíz, frutas y semillas que sirve de reserva alimenticia a la planta. En cocina, los más utilizados son la fécula de maíz y de patata.

Fermentar. Alimento que sufre un proceso de oxidación.

Focaccia. Pan plano con forma de hogaza originario de Italia parecido a la masa de pizza, pero más grueso y esponjoso.

Gluten. Grupo de proteínas que se encuentran en la semilla de cereales como el trigo, centeno, cebada y avena. Las harinas con gluten se usan para hacer panes porque dan más esponjosidad, pero es posible sustituirlas por otras en la cocina para celíacos o personas intolerantes al gluten.

Goma xantana. Aditivo que se utiliza para añadir elasticidad a las masas que se hacen con harina sin gluten.

Hummus. Receta procedente de la cocina árabe que consiste en un puré de garbanzos sazonados con salsa tahini, limón y aceite.

Mousse. Postre de origen francés de consistencia esponjosa que suele llevar claras de huevo a punto de nieve.

Pan de pita. Pan plano, ligero y sin miga, tradicional de la cocina árabe hecho básicamente con harina, aceite, agua y sal.

Papel film. Embalaje muy usado en cocina para envolver alimentos, bien para conservarlos mejor o para mantenerlos aislados de otros olores.

Papel sulfurizado. También llamado papel de horno o papel vegetal. Es un papel impermeable y resistente a las altas temperaturas que además evita que los ingredientes se peguen.

Polenta. Alimento de origen italiano que emplea harina de maíz para hacer gachas, panes, bases, etc.

Prefermento. O masa madre. Mezcla de harina, agua y algo de levadura que se deja fermentar unas 12 horas para servir como base a una mezcla posterior panificable.

Rehogar. Sofreír un alimento para que tome el sabor de todos los ingredientes con los que se está condimentando.

Sofrito. Ingredientes como cebolla, ajo, etc., fritos en aceite que se añaden a un guiso para potenciar su sabor.

Sprinkles. Pequeñas piezas dulces para espolvorear sobre un postre con el fin de adornarlo. Pueden ser de chocolate o de azúcar y también reciben el nombre de toppings.

Tagliatelle. Pasta típica de Bolonia similar a los espaguetis por lo alargado, pero plana.

Términos usuales

Tahini. Pasta de semillas de sésamo con la que se suele aderezar el hummus.

Tamizar. Pasar la harina, azúcar, levadura, etc., por un colador muy fino para obtener un polvo más delicado.

Tempura. Técnica de cocina japonesa en la que un alimento pequeño se reboza con una harina especial y se fríe en aceite muy caliente poco tiempo para que mantenga su sabor y una textura muy crujiente.

Tofu. Cuajada de leche de soja con muchas proteínas vegetales con diversos usos en la cocina: sustituye a la nata y al queso de origen animal en personas vegetarianas y veganas. Suele presentarse en forma de cubo blanco con textura similar al queso y sabor delicado.

Vinagreta. Salsa de aceite y vinagre que suele acompañar a las ensaladas.

Americanismos

Aceite. Óleo.

Aceituna. Oliva.

Aguacate. Aguazate, avocado, palta, palto, cura, pagua, abacate.

Ajo. Chalote.

Albahaca. Alábega, basilico, hierba vaquero, alfavaca.

Apio. Apio España, celemí, arracachá, esmirnio, panul, perejil, macedonio.

Arroz. Casulla, macho, palay.

Atún. Abácora, albácora, bonito.

Azúcar glas. Azúcar glacé.

Bacón. Tocino, panceta, unto, largo, tocineta.

Bizcocho. Biscocho, galleta, cauca.

Calabacín. Calabacita, zambo, zapallito, hoco, zapallo italiano.

Calabaza. Acocote, anco, zapallo, bulé, chaucha.

Cerdo. Puerco, cochino, marrano, chancho.

Cereza. Capulín, capulí.

Chalota. Escaloña, ascalonia, escalonia, echadote.

Champiñón. Seta, hongo.

Chocolate. Cacao, soconusco.

Cilantro. Culantro, coriandro.

Frambuesa. Mora.

Fresa. Frutilla.

Garbanzo. Mulato.

Gelatina. Jaletina, granetina.

Huevo. Blanquillo.

Jamón. Pernil.

Judías. Frijoles, carotas.

Levadura. Polvo de hornear.

Limón. Acitrón, bizuaga.

Maicena. Capí.

Maíz. Cuatequil, capia, canguil, abatí.

Mantequilla. Manteca.

Manzana. Pero, perón.

Menta. Hierbabuena, yerbabuena.

Merluza. Corvina, pescada.

Mostaza. Jenabe.

Nata líquida. Crema de leche sin batir.

Nuez moscada. Nuez coscada, macís.

Nuez. Coca, nuez de nogada.

Orégano. Mejorana.

Patata. Papa.

Pimentón. Chile en polvo.

Pimienta. Pebre.

Pimiento. Ají, conguito, chiltipiquín, chiltona.

Plátano. Banana, banano, cambur, pacoba.

Puerro. Ajo-porro, porro.

Remolacha. Betabel, beterrave, beterraca, betarraga.

Requesón. Cuajada, quesillo.

Romero. Rosmarino, rosmarín.

Sésamo. Ajonjolí.

Ternera. Jata, mamón, becerra, chota, novilla, vitela.

Tomate. Jitomate.

Zanahoria. Azanoria.

Zumo. Jugo.

Índice de recetas